Helmut Caspar

BERLINER MYTHEN, LÜGEN UND LEGENDEN

Zwischen Ablasshandel und Zwangsumtausch

Michael Imhof Verlag

Abbildungen auf dem Umschlag
Vorderseite: Büste der Nofretete, Quadriga vom Brandenburger Tor, Friedrich der Große Unter den Linden, Stasi-Gefängnis in Hohenschönhausen, Palast der Republik
Rückseite: Preußische Reformer auf einer Terrakottaplatte der „Steinernen Chronik" am Roten Rathaus

Bildnachweis:
Helmut Caspar mit Ausnahme von:
Staatsbibliothek zu Berlin Preußischer Kulturbesitz 164

Nicht in allen Fällen war es möglich, Rechteinhaber der Abbildungen ausfindig zu machen. Ansprüche werden selbstverständlich im Rahmen der üblichen Vereinbarungen abgegolten.

Helmut Caspar: Berliner Mythen, Lügen und Legenden.
Zwischen Ablasshandel und Zwangsumtausch.
Michael Imhof Verlag, Petersberg 2011

Gestaltung und Reproduktion: Michael Imhof Verlag
Druck: Fuldaer Verlagsanstalt, Fulda

Printed in EU

ISBN 978-3-86568-653-4

INHALT

VORBEMERKUNG

Nicht alles, was über die Berliner und ihre Stadt erzählt wird, ist wahr. Vieles ist frei erfunden oder setzt sich wie beim Spiel „Stille Post" aus Geschichten zusammen, bei denen am Ende etwas anderes herauskommt als anfangs gesagt wird. Das hier vorgelegte Buch nennt Beispiele für Berliner Mythen und Legenden, erwähnt aber auch handfeste Lügen, mit denen das Volk hinters Licht geführt wurde. Es beginnt mit einer hochgeheim vorbereiteten Aktion, mit der die DDR-Regierung durch Umtausch alter gegen neue Banknoten Schieber und Spekulanten, wie es damals hieß, treffen wollte, und endet mit dem Zwangsumtausch, auf den sich nach dem Mauerbau von 1961 Besucher aus dem Westen einlassen mussten, wenn sie den östlichen Teil Berlins und die DDR betraten und dabei die Devisenbestände des finanziell angeschlagenen zweiten deutschen Staates aufzubessern halfen.

Zwischen beiden Stichwörtern kommt manches zur Sprache, was man nur vom Hörensagen weiß, etwa wie ein alter Ochsenmarkt zu seinem weltbekannten Namen Alexanderplatz kam und ob die Behauptung stimmt, die kupferne Quadriga auf dem Branden-

Zu den langlebigen Legenden gehört, dass Schadows Friedensgöttin auf dem Brandenburger Tor mit ihren vier Pferden schon einmal stadtauswärts gefahren ist

burger Tor sei schon mal stadtauswärts gefahren. Nachzulesen ist auch die abenteuerliche Geschichte des Hauptmanns von Köpenick, der vor einigen Jahren zu Denkmalehren kam und in keinem Festumzug fehlen darf. Es wird nachgefragt, warum es trotz vieler Verordnungen schon vor einigen hundert Jahren nicht gelang, die Berliner zur Reinlichkeit auf den Straßen zu bewegen, und was sich die DDR-Führung vor 50 Jahren vom Bau der Berliner Mauer versprach. Es wird dagelegt, wie es zur Gründung der Charité vor 300 Jahren beziehungsweise der Humboldt-Universität vor 200 Jahren kam und warum Friedrich der Große uniformierte Schnüffler ausschickte, um unversteuerten Kaffee aufzuspüren. Das Buch vermittelt ferner biographische Einzelheiten über die früh verstorbene Königin Luise, die man als preußische Madonna verehrte, und schildert, was Mitte des 19. Jahrhunderts gusseiserne, mit Plakaten und Zetteln beklebte Säulen so populär machte. Aus gegebenem Anlass wird nachgefragt, warum 1950 die Ruine des Stadtschlosses gesprengt wurde und die Hoffnung der für diesen Akt kommunistischer Bilderstürmerei verantwortlichen Politiker nicht in Erfüllung ging, bald werde kein Hahn mehr nach dem Hohenzollernbau krähen.

Das hier vorgelegte Buch enthält Episoden aus der Berliner und zum Teil auch der deutschen Vergangenheit, denen der Geruch des Merkwürdigen, Unglaublichen, Legendären und Mystischen anhaftet. Wenn 2012 unter dem Motto „Friederisiko" auf das Leben und die Leistungen des vor 300 Jahren geborenen preußischen Königs Friedrichs II., des Großen, geblickt wird, wissen Buchautoren und Ausstellungsgestalter, dass von ihnen mehr verlangt wird als die Wiedergabe altbekannter Urteile, Geschichten und Anekdoten. Ihnen ist auferlegt, den Monarchen neu zu bewerten und ihn vom hohen Denkmalsockel zu holen, auf den ihn frühere Generationen gestellt haben. Ähnliches wird auch in diesem Buch an vielen anderen Beispielen versucht. Manches aus der Berliner Geschichte lässt sich nicht mehr exakt nachprüfen, weil die Quellenlage dürftig ist. Dennoch ist es reizvoll, angebliche Wahrheiten auf ihren Gehalt abzuklopfen. Jede Zeit blickt auf Ereignisse und Gestalten anders. Was heute anerkannt ist und was man uns als gesichert „verkauft", kann sich schon bald als faustdicke Lüge und als politischer Fehltritt herausstellen.

Die „Berliner Mythen, Lügen und Legenden" erscheinen in einer Zeit, da ein Jubiläum auf das andere folgt. 2010 war es 65 Jahre

Vor dem Schloss Charlottenburg warb 2010 die preußisch-blaue Inschrift „Friederisiko" für das Gedenkjahr 2012 und eine Friedrich dem Großen gewidmete Ausstellung im Potsdamer Neuen Palais

her, dass der Zweite Weltkrieg und das sogenannte Tausendjährige Reich in einer furchtbaren Katastrophe endeten. Es wurde an die deutsche Wiedervereinigung vor 20 Jahren erinnert, und mit einer Folge großartiger Ausstellungen hat man die Leistungen der Charité und der Humboldt-Universität gewürdigt. 2011 schauen wir auf den Bau der Berliner Mauer und der innerdeutschen Grenze vor 50 Jahren zurück. 2012 wird der 300. Geburtstag des preußischen Königs Friedrich II., des Großen, festlich begangen, und 2013 erinnern wir uns an den Beginn einer neuen Ära im Jahr 1713 durch die Thronbesteigung des Soldatenkönigs Friedrich Wilhelm I.

Es ist ein Treppenwitz der Geschichte, dass der sogenannte Hauptmann von Köpenick am Ort seines spektakulären Coups zu Denkmalehren gelangte. In anderen Zeiten hat man solche Hochstapler aufgeknüpft.

Manches, was in meinen Büchern über Berliner Denkmäler und Erinnerungsorte sowie über Sehens- und Merkwürdigkeiten zwischen Alexanderplatz und Siegessäule geschildert wird, kommt hier noch einmal vor. Das lässt sich bei allem, was mit Berlin und den Berlinern zu tun hat, auch nicht vermeiden. Mir kommt es darauf an, hinter die Kulissen zu schauen und zu zeigen, dass nicht alles, was in der Berliner Geschichte glänzt, Gold sein muss, und vieles der kritischen Nachfrage nicht standhält. So soll dieses Buch den Blick auf die Berliner, denen Goethe einmal nachgesagt hat, sie hätten „Haare auf den Zähnen", und ihre sich ständig verändernde Stadt schärfen helfen und dazu beitragen, sich selbst und unsere Vergangenheit und Gegenwart kritisch zu hinterfragen.

Nach umfangreichen Restaurierungsarbeiten steht seit Herbst 2010 das Goethe-Denkmal, ein Werk des Bildhauers Fritz Schaper aus dem Jahr 1880, wieder im Tiergarten unweit des Brandenburger Tors. Der Dichter hielt sich 1778 für wenige Tage in Berlin und Potsdam auf. Den Berlinern schrieb er ins Stammbuch, das Völkchen besitze viel Selbstvertrauen, sei mit Witz und Ironie gesegnet und nicht sparsam mit diesen Gaben.

AKTION BLITZ GEGEN SCHIEBER UND SPEKULANTEN

Nach dem Zweiten Weltkrieg bezahlte man in der Viermächtestadt Berlin zunächst mit alten Reichsbanknoten. Am 18. Juni 1948 wurde in den drei Westzonen sowie im Westteil Berlins das alte Geld in neue Banknoten umgetauscht, die in den USA hergestellt worden waren. Das aber ließ sich die Sowjetunion nicht bieten.

Der westlichen Währungsreform folgte fünf Tage später eine weitere in der Sowjetischen Besatzungszone und im sowjetisch besetzten Teil Berlins, den man dort offiziell Demokratischen Sektor von Groß-Berlin nannte. Nachdem der sowjetische Versuch gescheitert war, die Ostwährung auf die ganze Stadt Berlin auszudehnen, erklärte Stalin die Blockade der drei Westsektoren, die erst in der Nacht zum 12. Mai 1949 endete (siehe S. 27). Da man in Ostdeutschland und Ostberlin zunächst keine neuen Banknoten besaß, wurden die alten Reichsmarkscheine durch Aufkleben briefmarkenähnlicher Kupons zu neuem Geld deklariert. Diese sogenannte Kuponmark galt nicht lange und wurde gegen neues, in der Sowjetunion gedrucktes Geld mit der Jahreszahl 1948 umgetauscht. In den Wechselstuben auf westlicher Seite gleich an der Sektorengrenze konnte man Ostgeld zu einem Kurs von 5 zu 1 oder höher in Westmark tauschen. Selbstverständlich war der Umtausch auch umgekehrt möglich. In den Nachrichten des RIAS, also des Rundfunks im Amerikanischen Sektor, wurden die täglichen Kurse gleich nach dem Wetterbericht bekannt gegeben.

Nach der Währungsreform in Westdeutschland und Westberlin wurden in Ostberlin und der Sowjetischen Besatzungszone alte Reichsbanknoten mit briefmarkenähnlichen Aufklebern versehen und so zu neuer Währung erklärt. Das Foto zeigt einen echten (links) und einen gefälschten Kupon.

Lange konnte und wollte die DDR-Regierung diesen Praktiken nicht tatenlos zusehen. Schon in den frühen 1950er Jahren kursierten Gerüchte, nach denen ein Umtausch der Ostscheine von 1948 gegen neues Geld geplant sei. Verwirklicht wurde der hochgeheime Plan am 13. Oktober 1957 unter der Codebezeichnung „Aktion Blitz". Offiziell sollte mit der Maßnahme Schiebern und Spekulanten in Westberlin und der Bundesrepublik Deutschland, die im Besitz größerer Mengen von DDR-Bargeld waren, ein Schlag versetzt werden. Inoffiziell aber wollte man das private Bargeldvermögen in der DDR abschöpfen, da die Produktion und das Angebot in den Läden dem aufgeblähten Bargeldumlauf nicht standhielten, wobei auch noch zu beachten ist, dass große Warenlieferungen im Tausch gegen Eisenerz, Kohle und andere Erzeugnisse in die Sowjetunion gingen. Weil man für sein Geld nicht das kaufen konnte, was man haben wollte, gab es großen Unmut in der Bevölkerung.

Ungeachtet der durchschnittlich geringen Löhne und Gehälter hatte sich in der DDR auf Konten und im Sparstrumpf einiges Geld angesammelt. Dieser Überhang war auch ein Grund, weshalb so viel Ostgeld in den Westen abwanderte. Dort bekam man wenigstens das, was man in der DDR vermisste, auch wenn man umgerechnet dafür sehr viel Ostgeld hinblättern musste. Der Abschöpfung dienten übrigens die vielen HO-Läden, später die Exquisit- und die Delikat-Geschäfte sowie überhöhte Preise für alles, außer Produkte des Grundbedarfs, Mieten und Fahrpreise.

Die Aktion Blitz oder Aktion Schiebertod lief nach einem genauen Fahrplan ab, der den Beteiligten kurzfristig bekannt gegeben wurde. Im Radio teilte Ministerpräsident Otto Grotewohl am Morgen jenes 13. Oktober 1957 mit: „Der Ministerrat hat in dieser Nacht einstimmig eine Verordnung beschlossen über die Ausgabe neuer Banknoten und die Außerkraftsetzung bisher gültiger Banknoten". Diese Maßnahme sei nötig, „weil uns seit langem bekannt ist, dass Monopolisten und Militaristen in Westdeutschland gewisse Mengen unserer Banknoten in ihren Besitz gebracht haben. [...] Es liegt also im Interesse der Bürger der Deutschen Demokratischen Republik und des demokratischen Sektors von Groß-Berlin, unsere Banknoten, die sich im Besitz westdeutscher und Westberliner kapitalistischer Kreise und Agentenorganisationen befinden, wertlos zu machen. Natürlich muss die Umtauschaktion schnell und in kürzester Frist erfolgen".

Die plombierten Pakete mit den in der Nähe von Moskau gedruckten Geldscheinen wurden im Laufe jenes Sonntagvormit-
tags unter polizeilicher Bewachung an alle Städte und Gemeinden
in der DDR und in deren Hauptstadt Berlin geschafft und in
Banken, Sparkassen, Schulen, Rathäusern und ähnlichen Gebäuden ausgegeben. Umgetauscht wurde bis zu einem Bargeld-
betrag von 300 Mark im Verhältnis 1 zu 1. Höhere Beträge wurden
eingezogen und auf ein Sperrkonto eingezahlt, über das man ab
dem 19. Oktober 1957 verfügen konnte – dies allerdings nur,
wenn die „Rechtmäßigkeit" des Besitzes überprüft war. Ansonsten
wurden Spareinlagen und andere Konten automatisch umgestellt.
Sicher hat es DDR-Bewohner gegeben, die einen Teil ihres
Bargeldes nicht zur Umtauschstelle brachten, um nicht in den Verdacht zu geraten, zu den Schiebern und Spekulanten zu gehören.
Ökonomen gehen davon aus, dass der Bargeldbestand durch den
„Währungsschnitt" von 5,5 Milliarden DDR-Mark im September
1957 auf 3,4 Milliarden im Dezember 1957 reduziert wurde.
Genutzt hat die Aktion wenig, denn der Umtausch des neuen
DDR-Geldes in Wechselstuben florierte weiter und entsprach, wie
Stasischnüffler bei Stichproben im Westteil Berlins und entlang
der Interzonengrenze feststellten, alsbald dem vor dem 13.
September 1957.

ALEXANDERPLATZ HIESS URSPRÜNGLICH OCHSENMARKT

*In seiner über zweihundertjährigen Geschichte hat sich das Gesicht des
Alexanderplatzes mehrfach verändert. Der 1805 anlässlich eines Besuchs
von Zar Alexander I. in Alexanderplatz umbenannte frühere Ochsenmarkt
entwickelte sich mit der Zeit zum größten Berliner Verkehrsknoten.*
Um 1800 zogen dunkle Wolken in Europa auf, Napoleon Bona-
parte, seit 1804 französischer Kaiser, zeichnete die Landkarte neu,
schaffte Fürstentümer ab, besetzte Throne mit Verwandten und
Vertrauten. Frankreich lag 1805 mit seinem Hauptkonkurrenten
England im Krieg. Russland und Österreich versuchten, die militärische Dominanz des napoleonischen Frankreich zu brechen
und die alten Machtverhältnisse wiederherzustellen. Preußens
König Friedrich Wilhelm III. hielt sich aus dem Konflikt heraus.
Offiziell pflegte er gute Beziehungen mit dem napoleonischen
Frankreich, doch insgeheim goss man an seinem Hof Hohn und

Spott über den auf der Insel Korsika geborenen Emporkömmling und wünschte ihm die Pest an den Hals.

Als Zar Alexander I. im Oktober 1805 den preußischen König in Berlin besuchte, bekundeten beide Monarchen freundschaftliche Eintracht. Friedrich Wilhelm III. veranstaltete für seinen russischen Gast Paraden und Empfänge, ohne zu ahnen, dass dies auf Jahre hinaus die letzten Festlichkeiten dieser Art sein würden. Ein paar Wochen später fand am 2. Dezember 1805 im böhmischen Austerlitz die Dreikaiserschlacht zwischen Russland, Österreich und Frankreich statt. Frankreich siegte und war stark wie noch nie, Preußen musste einem Schutz- und Trutzbündnis mit Frankreich zustimmen und Gebiete abtreten.

Um seinem Gast zu gefallen, verlieh Friedrich Wilhelm III. dem bisherigen Ochsenmarkt am Rande der Haupt- und Residenzstadt den Namen Alexanderplatz. Der Zar war über die Ehrung erfreut und bedankte sich bei seinem Gastgeber. Er traf sich mit dem Königspaar, Friedrich Wilhelm III. und der aus Mecklenburg-Strelitz stammenden Königin Luise, in der Potsdamer Garnisonkirche (siehe S. 92). Unter „lebhaften Umarmungen" sollen sich die beiden Monarchen an den Särgen des Soldatenkönigs Friedrich Wilhelm I. und Friedrichs des Großen unverbrüchliche Treue geschworen haben. Ein Jahr später stand Napoleon I., der Sieger der Schlacht von Jena und Auerstedt, an der

Der Alexanderplatz war im 19. und frühen 20. Jahrhundert ein wichtiger Treffpunkt und Verkehrsknoten. Die Berolina rechts wurde im Zweiten Weltkrieg eingeschmolzen. Aufnahme um 1900

Der Brunnen der Völkerfreundschaft auf dem Alexanderplatz ist ein unter Denkmalschutz stehendes Zeugnis für den Kunstgeschmack der sechziger Jahre

gleichen Stelle. Nachdenklich soll er gesagt haben, wenn „der hier", also Friedrich II., noch lebte, stünde er, der Kaiser der Franzosen, nicht hier.

In Berliner Büchern und Chroniken wird der Alexanderplatz oder Alex, wie die Ortsansässigen sagen, als eine zweigeteilte Freifläche in der damaligen Königsvorstadt oder Königsstadt beschrieben. Auf einem Teil paradierten Truppen, auf dem anderen wurden zu Markttagen Rinder, Schafe und andere Tiere verkauft. In den Gebäuden am Rand des Platzes verarbeiteten Manufakturen Seide und Wolle, außerdem gab es neben zwei- und dreigeschossigen Wohnhäusern auch Hotels, Gasthäuser und das Königstädtische Theater. In der Nähe des Alexanderplatzes stand ein berüchtigtes Arbeits- und Strafhaus, das die Berliner Ochsenkopf nannten. An seiner Stelle erhebt sich jetzt das Polizeipräsidium.

Wichtig für die Entwicklung des Alexanderplatzes war seine Anbindung an das öffentliche Schienennetz im 19. Jahrhundert. Zunächst fuhr ein Pferdeomnibus von hier regelmäßig nach Weißensee, dann wurde der Platz Haltepunkt der Fern- und der Stadtbahn. Der prächtig gestaltete Bahnhof von 1882 lockte zahllose Passagiere aus Nah und Fern an, und so wurde der Platz auch eine wichtige Einkaufsmeile mit Zentralmarkthalle und großen Kaufhäusern. Alfred Döblin setzte dem Treiben auf dem Alex und seinem tragischen Helden Franz Biberkopf in seinem berühmten Großstadtroman „Berlin, Alexanderplatz" (1929) ein bleibendes, auch heute noch anrührendes Denkmal.

Eine riesige Bronzefigur, die Berolina, erhob sich mitten auf dem Platz. Die von dem Bildhauer Emil Hundrieser geschaffene Berliner Symbolfigur wurde im Zweiten Weltkrieg der Rüstungsindustrie geopfert. Ungefähr am ehemaligen Standplatz lockt seit 1969 die Weltzeituhr Berliner und Berlin-Besucher an. Als Treffpunkt und Fotomotiv ist die Uhr auf einer zehn Meter hohen Säule bei den Berlinern und ihren Gästen sehr beliebt. Das Gleiche gilt auch für den Brunnen der Völkerfreundschaft, der einen Durchmesser von 23 Metern erreicht und 6,20 Meter hoch ist.

Auf historischem Grund am Rande des Alexanderplatzes steht das Haus des Lehrers, denn hier erhob sich früher einmal das Lehrervereinshaus. Aus der Zwischenkriegszeit stammen zwei von dem renommierten Architekten Peter Behrens entworfene und neuerdings sanierte Gebäude, das Berolinahaus und das Alexanderhaus. Ansonsten flankieren den Alex Neubauten aus der DDR-Zeit, darunter ein Warenhaus und ein 123 Meter hohes Hotel. Etwas weiter weg steht jenseits des S-Bahnhofs der Fernsehturm (siehe S. 46). Nach der Wiedervereinigung gab es Pläne, an den Rand des Alexanderplatzes zur Karl-Marx-Allee hin Wolkenkratzer à la Manhattan zu stellen. Das konnte verhindert werden, weil Berlin mehr als genug Wohn- und Bürofläche besitzt und es auf diesem Gebiet in der Innenstadt viel Leerstand gibt, vor allem aber weil die neue Skyline alle anderen Bauten förmlich in den Schatten gestellt hätte.

Aus eigener Anschauung hat Heinrich Zille eindrucksvolle Bilder von Berliner Kneipen rund um den Alexanderplatz und ihren Besuchern geschaffen

Wenn man auf über 200 Jahre Alexanderplatz blickt, sollte man nicht große Ereignisse übersehen, die hier stattgefunden haben. Kontrapunkte sind aus jüngerer Zeit die Weltfestspiele im Sommer 1973 und die große Demonstration mit mehr als einer halben Million Teilnehmer am 4. November 1989. Ihre Forderungen nach Überwindung der Alleinherrschaft der SED, freien Wahlen, Auflösung des Geheimdienstes und freies Reisen lagen den Machthabern schwer im Magen. Nur fünf Tage später fiel die Berliner Mauer, und nicht einmal ein Jahr darauf war die DDR Vergangenheit.

ALTER FRITZ STEIG DU HERNIEDER

Eines der berühmtesten Reiterdenkmäler des 19. Jahrhunderts feiert Friedrich den Großen und wurde 1851 Unter den Linden in Berlin enthüllt. Seine Vorgeschichte reicht bis ins späte 18. Jahrhundert zurück, als man in Preußen, und nicht nur dort, dem „Alten Fritzen" große Verehrung entgegenbrachte. Friedrich der Große verbat sich, dass man ihm zu Lebzeiten Denkmäler unter freiem Himmel errichte, denn er befand, dass nur ein toter Monarch oder Feldherr dieser Ehre würdig sei. Dessen ungeachtet planten Architekten und Bildhauer zum Teil gigantische Monumente – eine Trajanische Säule mit einem Standbild obenauf, antike Tempel, überkuppelte Särge und Reiterdenkmäler, bei denen hohe Offiziere als Wächter fungieren. Mit dem Berliner Friedrich-Denkmal ließ man sich viel Zeit. Zwischen der Grundsteinlegung Unter den Linden im Jahr 1840

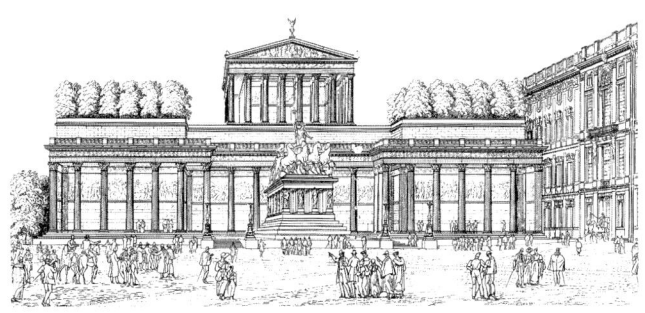

Karl Friedrich Schinkels monumentaler Gedächtnistempel für Friedrich den Großen wurde wie manch andere Entwürfe dieser Art nicht verwirklicht

und der Enthüllung elf Jahre später wurde der von Bildhauer Christian Daniel Rauch geschaffene Entwurf immer wieder verändert und durch neue Assistenzfiguren, Reliefs und Inschriften erweitert. Am Ende besetzten statt stehender Feldherren vier Reiter die Ecken des Sockels, auf dem Generale, Minister, Künstler und Gelehrte dem ein wenig schief auf dem Pferd sitzenden König huldigen. In einer Periode, da die schrecklichen Ereignisse der Revolution von 1848/49 noch lebhaft in Erinnerung waren, machte bei den Berlinern ein auf Friedrich Wilhelm IV. gemünzter Vierzeiler die Runde. Er suggerierte, dass beim Alten Fritzen alles besser war als jetzt: „Alter Fritz, steig du hernieder, / und regier die Preußen wieder. / Lass in diesen schlechten Zeiten / Friedrich Wilhelm weiter reiten".

Den Zweiten Weltkrieg hat das Bronzemonument unbeschädigt in einem Steinmantel überstanden. 1950 von der Umhüllung befreit, wurde das Denkmal in einen entfernten Winkel des Parks von Sanssouci abgeschoben, jedoch 1980 nach Ostberlin zurückgeholt und am nahezu originalen Standort aufgestellt. Die Maßnahme fand ein unterschiedliches Echo. Manche Beobachter sahen in ihr eine Aufwertung sogenannter preußischer Tugenden und eine Rehabilitation des zuvor immer als Kriegskönig und Menschenschinder verunglimpften Monarchen.

Das 1851 aufgestellte Reiterdenkmal Friedrichs des Großen war im Zweiten Weltkrieg eingemauert, wurde danach in den Park von Sanssouci verbannt und erst wieder 1980 Unter den Linden aufgestellt

In den vergangenen Jahren wurde die schon ziemlich angegriffene Bronze umfassend restauriert und gegen schädliche Umwelteinflüsse durch einen Wachsüberzug geschützt. Ähnliches geschah mit einem anderen königlichen Reiterdenkmal, das die Freitreppe der Alten Nationalgalerie auf der Berliner Museumsinsel schmückt. Das Werk von Alexander Calandrelli aus dem Jahr 1886 stellt Friedrich Wilhelm IV. dar, der sich als Bauherr und Mäzen hervortat und damit begann, die Museumsinsel in eine „Freistätte für Kunst und Wissenschaft" zu verwandeln. Neben diesem Monument gibt es in der Hauptstadt noch ein drittes Reiterdenkmal. Von Andreas Schlüter geschaffen, ehrt es den Großen Kurfürsten Friedrich Wilhelm und steht im Ehrenhof des Charlottenburger Schlosses. Die drei anderen Reiterdenkmäler zur Erinnerung an König Friedrich Wilhelm III. auf dem Lustgarten (1871, von Albert Wolff), Kaiser Wilhelm I. auf der Schlossfreiheit (1897, von Reinhold Begas, siehe S. 39) und Kaiser Friedrich III. auf der Monbijoubrücke vor dem Bode-Museum (1904, von Rudolf Maison) wurden nach 1945 eingeschmolzen. Erhalten blieben im Nikolaiviertel lediglich zwei Sockelfiguren vom Reiterdenkmal Friedrich Wilhelms III.

BEAMTE SOLLTEN SPAREN UND PLUS MACHEN

Als Friedrich I. am 25. Februar 1713 in Berlin starb, sank eine pracht- und prunkvolle Epoche dahin. Zwar richtete der Sohn und Nachfolger Friedrich Wilhelm I. seinem Vater noch ein prächtiges Staatsbegräbnis aus. Wer aber erhofft hatte, unter neuen Bedingungen ordentlich Karriere zu machen, täuschte sich, ausgenommen tüchtige Beamte und besonders hoch gewachsene Soldaten.

Friedrich Wilhelm I. jagte Hofschranzen aus ihren Ämtern und steckte Lakaien in die Armee. Die von seinem Vater Friedrich I. gegründeten Akademien der Künste und der Wissenschaften sanken in einen Dornröschenschlaf. Da der Soldatenkönig höhere Bildung für leeren Formelkram hielt, wurden Gelehrte und Künstler entlassen, sofern sie nicht Gott, der Monarchie und den Soldaten nützlich waren. Als Kronprinz hatte Friedrich Wilhelm ohnmächtig zusehen müssen, wie hart erarbeitete Taler verschleudert wurden und wer alles von der grassierenden Vetternwirtschaft profitierte.

Endlich auf den Thron gelangt, setzte der Monarch, den man bald Soldatenkönig nannte, neue Direktorien zur Straffung und Überwachung der Verwaltung ein. Der preußische Beamtenstaat war geboren, doch irrt wer annimmt, dass nun alles gut war. Die regelmäßige Androhung härtester Strafen für Faulheit und „Unterschleiff" sowie der Vollzug von Todesstrafen selbst für kleine Vergehen sagt nichts anderes, als dass es dafür immer wieder triftige Gründe gab und es mit der neuen Ordnung im Staate wohl nicht sehr weit her war.

„Sparen und Plus machen" nannte der, was seinen persönlichen Lebensstil betraf, sparsame König das Ziel seiner Politik. Die Kassen sollten sich wieder mit harten Talern füllen, eine Reserve für schwere Zeiten wurde gebildet. Aus diesem Grunde erfreuten sich Handwerk und Manufakturwesen besonderer königlicher Gunst, vor allem wenn sie der Armee dienten und wenn im Sinne des Merkantilismus eigene Erzeugnisse die Einfuhr fremder Waren überflüssig machte. Da die Einnahmen nicht ausreichten, zogen der König und seine Nachfolger die Steuerschraube drastisch an, was die Binnennachfrage, wie wir heute sagen würden, beeinträchtigte (siehe S. 77, 81).

Da man in Preußen war, gab es für nahezu jede Lebensregung Verordnungen mit vielen Paragraphen. Ein Heer von Juristen wurde mit ihrer Abfassung beschäftigt, viele Edikte hat ihnen der König in die Feder diktiert. Eine Diskussion über ihre Rechtmäßigkeit fand im absolut regierten Preußen (und nicht nur dort!) nicht statt. Der König wollte alles wissen und alles entscheiden. Gefürchtet waren seine Randbemerkungen auf amtlichen Schriftstücken wie „Kuhlwein ist ein Narre, soll mir im arß lequen" oder „Ihr sollet wissen, dass in Spandow die Schub=Karre

Friedrich Wilhelm I. hält in der Nähe des Rosa-Luxemburg-Platzes Wache. Das Denkmal ist ein Nachguss einer Vorlage des Bildhauers Heinrich Bettkober aus dem späten 18. Jahrhundert.

euch erwartet", was nichts anderes bedeutete, als dass der Gescholtene auf die Festung Spandau geschickt werden sollte, um dort, an eine Schubkarre gekettet, Zwangsarbeit zu leisten (siehe S. 176). Solche Drohungen förderten Duckmäusertum; kühne Ideen und Reformen des antiquierten Beamtenstaates kamen nicht auf den Tisch.

Nach dem gescheiterten Fluchtversuch musste Kronprinz Friedrich in Küstrin zusehen, wie sein Freund Katte hingerichtet wurde. Holzstich von Adolph Menzel

Dass Friedrich Wilhelm I. im Gegensatz zu seinem Sohn Friedrich II., der 1740 den Thron bestieg und sich wegen seiner Ansprüche auf Schlesien sofort mit Österreich anlegte, kaum Kriege führte, ist sicher diplomatischem Geschick und der Zurückhaltung geschuldet, die teuer angeworbenen Soldaten im Felde einzusetzen – und sie zu verlieren. Ganz bestimmt verdankte Preußen die relativ ruhige Zeit von 1713 bis 1740 auch einer gewissen Friedfertigkeit seines gottesfürchtigen Monarchen, der persönlich wenig Staat von sich machte und eine eher bescheidene Hofhaltung führte. Wie spartanisch es da zuging, kann man am besten in der Nebenresidenz Königs Wusterhausen erleben, wo auch einige von dem kränkelnden Friedrich Wilhelm I. „in tormentis", also unter Schmerzen, gemalte Ölbilder hängen.

Schlamperei und Unregelmäßigkeiten in der Verwaltung konnten den Herrscher fuchsteufelswild machen. Gelegentlich drosch er mit dem Knüppel auf seine Untertanen. Niemand war von seinen Zornesausbrüchen ausgenommen, auch die eigene Familie nicht. Die Drangsalierungen waren so schlimm, dass Kronprinz Friedrich, der älteste Sohn und Nachfolger, 1728 mit seinem Freund Katte die Flucht wagte. Sie misslang, und so fand im Schloss Köpenick, dem heutigen Kunstgewerbemuseum der Staatlichen Museen Preußischer Kulturbesitz, ein Prozess wegen

Fahnenflucht statt. Katte wurde in Küstrin vor den Augen des Kronprinzen enthauptet, Friedrich entging dem Todesurteil, wurde vom Hof seines Vaters entfernt und musste sich in der Provinz bewähren. Diesem Umstand verdankt Rheinsberg seinen Aufstieg als kronprinzliche Residenz. Das von Georg Wenzeslaus von Knobelsdorff erbaute Rokokoschloss, in dem Prinz Heinrich, ein jüngerer Bruder Friedrichs II., von 1744 bis 1802 residierte, ist eine bedeutende Sehenswürdigkeit in der Mark Brandenburg.

Der Soldatenkönig war in seinen letzten Lebensjahren ein kranker Mann, kaum fähig, sich auf den Beinen zu halten. Doch bis zu seinem Tod am 31. Mai 1740 gab er nicht ein Stück von seinen Kompetenzen ab. Als Friedrich II. den Thron bestieg, gab es ein großes Aufatmen. Die Musen kamen wieder zu Ehren, Philosophie sowie französische Literatur und heitere Musik lebten auf. Noch im gleichen Jahr war Krieg. Der erst 28-jährige Friedrich II. setzte seine Soldaten und seinen Staatsschatz für den Kampf um die den Habsburgern gehörende Provinz Schlesien ein und führte sein Land in den folgenden Jahrzehnten mehrmals an den Rand des Abgrundes. Wenn 2012 der 300. Geburtstag des Monarchen gefeiert wird, spielt diese Kriegspolitik eine große Rolle. Doch soll auch der „private" Friedrich mit seinem Hang zum Luxus und zu teuren Speisen aufgrund von bisher nicht ausgewerteten Abrechnungen näher beleuchtet werden.

Für seine Langen Kerls war dem sparsamen Soldatenkönig Friedrich Wilhelm I. nichts zu teuer

Seinen Vater sah Friedrich II. in mildem Licht, ganz anders als seinen Großvater Friedrich I., dem er nachsagte, er sei im Kleinen groß und im Großen klein gewesen. „Die Politik des Königs war stets untrennlich von seiner Gerechtigkeit", schrieb Friedrich II. über Friedrich Wilhelm I., seinen Vater. „Er war weniger auf Mehrung seines Besitzes bedacht als auf dessen gute Verwaltung, stets zu seiner Verteidigung gerüstet, aber niemals zum Unheil Europas. Das Nützliche zog er dem Angenehmen vor. Er baute im Überfluss für seine Untertanen und wandte nicht die bescheidenste Summe an seine eigene Wohnung. Er war bedachtsam im Eingehen von Verbindlichkeiten, treu in seinen Versprechungen, streng von Sitten, streng auch gegen die Sitten der anderen. Unnachsichtig wachte er über die militärische Disziplin, und den Staat regierte er nach denselben Grundsätzen wie sein Heer." Sein Vater habe bei seinem Tod ein Heer von 66 000 Mann (korrekt: 76 000 Soldaten, H. C.) hinterlassen, das er durch sparsame Wirtschaft unterhielt, schrieb Friedrich II. weiter, dazu gesteigerte Staatseinkünfte, einen wohlgefüllten Schatz und in all seinen Geschäften eine „wunderbare Ordnung". „Wenn es wahr ist, dass wir den Schatten der Eiche, der uns umfängt, der Kraft der Eichel verdanken, die den Baum sprossen ließ, so wird die ganze Welt darin übereinstimmen, dass dem arbeitsreichen Leben dieses Fürsten und in der Weisheit seines Wirkens die Urquellen des glücklichen Gedeihens zu erkennen sind, dessen sich das königliche Haus nach seinem Tode erfreut."

BERLINER EISEN IM FEUERLAND GEGOSSEN

Im Jahr 1804 wurde in Berlin die Königliche Eisengießerei gegründet. Sie produzierte alles aus dem magnetischen Metall, was gut, schön und nützlich war – Kanonen und Denkmäler, Gartenplastiken und Möbel, Geschirr, das Eiserne Kreuz und sogar filigranen Schmuck. „Fer de Berlin" wurde zu einem internationalen Begriff.

Bedeutende Künstler wie Karl Friedrich Schinkel, Christian Daniel Rauch, Johann Gottfried Schadow, Wilhelm August Stilarsky, August Kiss oder Leonhard Posch entwarfen die Modelle für das Berliner Eisen. Wie die schon seit dem ausgehenden 18. Jahrhundert produzierten Eisengüsse in Lauchhammer wurden die Erzeugnisse der Berliner Eisengießerei und der beiden anderen preußischen Fabriken dieser Art in Gleiwitz und Sayn überall hin verkauft. Ansässig war die Eisengießerei „Vor dem Neuen Tor" am Rande der Hauptstadt. Wegen der rauchenden Schlote erhielt das von den Berlinern und ihren Gästen viel besuchte Gelände den treffenden Namen „Feuerland".

Begünstigend für den Erfolg der Berliner Gießerei waren die politischen und militärischen Ereignisse des Jahres 1806 und der folgenden Zeit. Eisen avancierte geradezu zum patriotischen

Die neue Giesshütte der Kön: Eisengiesserei.

Rauchende Schlote gaben der Königlichen Eisengießerei am Berliner Stadtrand den Spitznamen Feuerland. Radierung aus der Zeit um 1816

Stoff, nachdem Preußen nach der Niederlage im Krieg gegen Frankreich in eine schwere Krise geriet und die Zeit der Stein-Hardenbergschen Reformen begann. Zur Bezahlung der hohen Kontributionen an das siegreiche Frankreich wurden Geld- und Edelmetallsammlungen veranstaltet, und als in der Zeit der Befreiungskriege Freiwillige zum Kampf gegen Napoleons Truppen ausgerüstet werden mussten, hat man unter dem Motto „Gold gab ich für Eisen" erneut zum Sammeln aufgerufen. Angesprochen wurden Frauen, sich von „jeder entbehrlichen werthvollen Kleinigkeit", also von Schmuck, zu trennen und damit zur

Für das von Schinkel entworfene Kreuzbergdenkmal schufen namhafte Bildhauer allegorische Figuren mit den Gesichtszügen von Angehörigen der Hohenzollern-Familie und von berühmten preußischen Militärs

Rettung des Vaterlandes beizutragen. So kamen viele Ringe und Juwelen in die Metallschmelze, und im Gegenzug erhielten die Spender als Quittung eiserne Ringe und andere Schmuckstücke. Mit gutem Beispiel ging der königliche Hof voran. Er ließ Teile des Tafelsilbers einschmelzen, und statt Hals-, Ohr-, Finger- und Armschmuck aus Gold oder Silber zu tragen, verwendete man filigranes Eisen. Die Berliner Gießerei, die sich auf solchen Schmuck spezialisiert hatte, kam mit der Nachlieferung kaum nach.

Erwähnt sei, dass die französischen Besatzer, die es sich Ende 1806 in Berlin und Preußen bequem gemacht hatten, Berliner Kunstgüsse requirierten, um nach ihnen in Paris selber produzieren zu können. Das geschah mit mäßigem Erfolg, denn die Betriebsgeheimnisse behielten die Arbeiter und Angestellten der Eisengießerei für sich. Seine bedeutendste Zeit hatte sie nach den Befreiungskriegen, als sie unzählige Denkmäler und Grabkreuze (häufig nach Schinkels Entwürfen) herstellte, von denen noch viele erhalten sind. Als im Revolutionsjahr 1848 ein Brand wesentliche Teile der Berliner Eisengießerei vernichtet hatte, ging es mit dem „Feuerland" bergab. Die Fabrik konnte die Verluste der Modelle und Entwurfszeichnungen nicht mehr wettmachen, zehrte eine Zeitlang noch von vergangenem Ruhm, schuf aber kaum Neues. Zum Niedergang trug der Wandel im Geschmack des Publikums bei, denn jetzt wurden Skulpturen, Schmuck und Gerätschaften aus Bronze oder Silber verlangt. Die Aufgaben der Königlichen Eisengießerei übernahmen Privatunternehmen, die das Land mit großartigen Denkmälern und allerlei Gerätschaften für Fabriken, das Bauwesen sowie Tisch und Haushalt versorgten.

Seit seiner Gründung im Jahr 1874 sammelt das Märkische Museum Erzeugnisse der Berliner Eisengießerei. Dazu zählen Tische und Stühle, Kandelaber und Lampen aus geschwärztem Eisen, des Weiteren Taufbecken, Skulpturen, Reliefs, Gefäße, Schreibzeuge und andere reich dekorierte Gerätschaften. Hinzu kommt eine beachtliche Kollektion von Schmuckgegenstän-

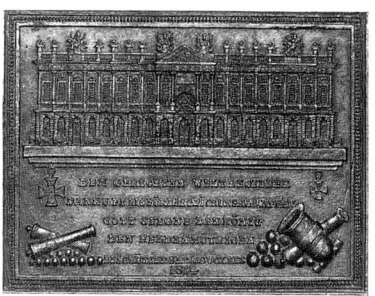

Mit der Neujahrsplakette von 1814 würdigte die Königliche Eisengießerei das Berliner Zeughaus

den, die im frühen 19. Jahrhundert modisch waren, ferner Neujahrsplaketten, die die Berliner Gießerei mit den Jahreszahlen 1805 bis 1849 produzierte. Die flachen querformatigen Reliefs aus geschwärztem Eisen waren für den König, den Hof, führende Beamte in den Ministerien und Geschäftsfreunde bestimmt und warben für die Gießerei und ihre Produkte. Dargestellt sind Standbilder, Brückengeländer und Bauelemente, Maschinenteile, Grabkreuze, Kanonen, Munition sowie Berliner Gebäude. Viele auf den Plaketten dargestellte Monumente existieren nicht mehr, ihr Aussehen ist aber auf den Miniaturen aus „Fer de Berlin" überliefert.

BLAUE FAHNEN NACH BERLIN

Attentate, Flugblattaktionen, Mauerdurchbrüche, Zusammenrottungen – mit allem hatte die Stasi gerechnet, doch die X. Weltfestspiele der Jugend und Studenten 1973 in Ostberlin verliefen friedlich, äußerlich zumindest. Stasi-Minister Erich Mielke konnte seinem Chef, SED-Generalsekretär Erich Honecker, melden, alles sei „unter operativer Kontrolle" gewesen und es habe keine besonderen Vorkommnisse gegeben.

Verlief das Freudenfest, zu dem die DDR die Jugend der Welt für neun Tage – vom 28. Juli bis 5. August 1973 - eingeladen hatte, wirklich wie geschmiert nach dem allbekannten Motto „Fröhlichsein und singen"? Waren sie ein „rotes Woodstock", wie die Westpresse behauptete? Nähere Betrachtungen kratzen am Image dieses Welttreffens der Jugend und Studenten, legen die Ängste der Führung vor der eigenen Bevölkerung und ihre Befürchtung offen, dass irgendetwas schiefgehen könnte. Und sie zeigen, welch ungeheurer personeller, finanzieller und logistischer Aufwand für den reibungslosen Ablauf des Spektakels im Zeichen blauer Fahnen und bunter Blumen betrieben wurde.

Das seinerzeit bis zum Überdruss gesungene Lied „Ja, ja wir treffen uns auf jeden Fall im Sommer 73 zum zehnten Festival" bezog sich selbstverständlich nicht auf sogenannte feindlich-negative Personen oder solche, die von den Staatsorganen für Asoziale und Störer gehalten wurden. Die nämlich wurden nach Mielkes perfidem Säuberungsplan „vorsorglich" verhaftet beziehungsweise massiv am Betreten ihrer Hauptstadt gehindert. Wie schon 1936 zur Olympiade sollte Ostberlin den Gästen aus aller Welt ein sauberes Bild bieten, doch wiesen die Organisatoren des Festivals selbstverständlich jeden Vergleich mit dem Sportereignis unterm

Hakenkreuz weit von sich. Nach den Unterlagen der Birthler-Behörde hatte Mielke die Parole ausgegeben, dass seine hauptamtlichen Spitzel und die vielen Inoffiziellen Mitarbeiter alles sehen, hören und wissen müssten, doch sollten sie nur im „äußersten Fall" eingreifen. Um Komplikationen aus dem Weg zu gehen, gab es im Vorfeld Razzien, vor allem in den südlichen DDR-Bezirken und im Ostteil Berlins, wo sich erhebliches Oppositionspotential angesammelt hatte. Die Gründe für die Verhaftungen waren fadenscheinig, etwa weil jemand

VORWÄRTS ZU DEN III. WELTFESTSPIELEN DER JUGEND UND STUDENTEN FÜR DEN FRIEDEN VOM 5. BIS 19. AUGUST 1951 IN BERLIN

Viele Gäste, die 1951 zu den Weltfestspielen nach Ostberlin kamen, sahen sich auch mal im Westteil um und erlebten dort ein aufregendes Kontrastprogramm

schon mal mit dem Gesetz in Konflikt gekommen war, wegen langer Haare oder abgewetzter Jeans oder des Erzählens von politischen Witzen. Dennoch konnte es vorkommen, dass die sorgsam ausgesuchten Diskutanten auf dem Alex nicht das sagten, was man ihnen vorher eingebläut hatte, und sich freimütig etwa zur Niederschlagung des „Prager Frühlings" 1968, zur Versorgungslage oder zur Mauer äußerten. Da die Stasi überall mithörte, wurden von westlichen Teilnehmern ideologisch verunsicherte DDR-Delegierte nach Abschluss des Festivals zur Rechenschaft gezogen. Manche verloren ihren Arbeits- oder Studienplatz.

Nicht ins Konzept der Organisatoren passte der Tod von Walter Ulbricht am 1. August 1973. Stundenlang herrschte Unklarheit, wie man mit diesem Ereignis umgehen sollte. Halbmast und schwarze Schleifen an Fahnen waren unerwünscht, und so ging das Fest unbeeindruckt weiter. Angeblich habe der 1971 von seinem bisherigen Ziehsohn Erich Honecker geschasste SED-Chef, der nur noch formal Staatsratsvorsitzender war, auf dem Sterbebett darum gebeten, man möge das Festival wie geplant fortführen, das wäre ganz in seinem Sinne. Als Ulbrichts sterbliche

Überreste geradezu im Schweinsgalopp vom Zentralkomitee der SED hinaus zum Zentralfriedhof Friedrichsfelde gefahren wurden, war eine Ära vorbei, und wer danach an den ehemaligen SED- und Staatschef erinnerte, bekam Honeckers Zorn zu spüren. So schnell kann Lorbeer welken!

Mitnichten können die X. Weltfestspiele 1973 mit jenem legendären Rockfestival verglichen werden, das 1969 in Woodstock (USA) stattfand und zum Symbol der Flower-Power-Bewegung mit ihrer Sehnsucht nach Gewaltlosigkeit und Frieden auf der Welt wurde. In Ostberlin ließ sich ein kommunistischer Staat und seine selbstverliebte Führung feiern, wozu sich sehenden Auges auch ausländische Gäste, darunter linke Prominenz aus der Bundesrepublik, hergab. Ob sie dies taten, um zur Entkrampfung der Ost-West-Beziehungen beizutragen, bleibt dahingestellt.

Dass die X. Weltfestspiele wie jene im August 1951 im damals noch bombenzerstörten Ostberlin Riesensummen gekostet haben und die Staatsreserve gewaltig dezimierten, war 1973 für die Organisatoren nicht relevant. Bedeutsam war für sie die Aufwertung, die der ewig lächelnde Honecker persönlich und sein Regime erfuhren. Allerdings war der Imagegewinn nur von kurzer Dauer, und wenn sich die Stasi mit ihren Spitzeln in grauen Hosen und Blauhemd noch so mühte, geistige Konterbande auszuspähen – der Niedergang des zweiten deutschen Staates ließ sich nicht aufhalten.

Übrigens hatte DDR-Staatsdichter Johannes R. Becher, dem auch die DDR-Hymne mit der Anfangszeile „Auferstanden aus Ruinen" zu verdanken ist, für die Weltfestspiele 1951 ein Lied gedichtet, das sich an die deutsche Jugend wandte: „Auf den Straßen, auf den Bahnen / seht ihr Deutschlands Jugend zieh'n. / Hoch im Blauen fliegen Fahnen: / Blaue Fahnen nach Berlin! / Links und links, und Schritt gehalten, / lasst uns in der Reihe geh'n! / Unsre Fahnen sich entfalten, / um im Sturm voranzuweh'n". Dass schon wieder wie vormals in der Nazizeit Fahnen voranflatterten, um Menschen zu mobilisieren, wurde nur im Westen bemängelt. Im Osten hingegen durfte sich niemand bei solchen Vergleichen erwischen lassen. 1973 war Bechers Lied mit der Zeile „Aus dem Blauen strahlt die Sonne, / und sie leuchtet, Deutschland, dir" unerwünscht, weil sie ein einheitliches Deutschland wenn auch unter kommunistischen Vorzeichen beschwor. Ähnlich erging es der DDR-Hymne mit der Zeile „Deutschland einig Vaterland", die erst im Wendeherbst 1989 wieder öffentlich gesungen werden durfte.

BLOCKADE NAHM DEN INSULANERN DIE RUHE NICHT

Drei Jahre nach Ende des Zweiten Weltkriegs war die auf der Potsdamer Konferenz beschworene Friedensordnung brüchiger denn je. Es war Kalter Krieg, und ein heißer drohte auszubrechen. Die Gegensätze zwischen Ost und West prallten in Berlin besonders scharf aufeinander. Über die von den USA, Großbritannien und Frankreich verwalteten Westsektoren mit etwa zwei Millionen Bewohnern verhängten die Sowjets am 24. Juni 1948 eine Blockade.

Ausgangspunkt der Abriegelung, die bis zum 12. Mai 1949 dauerte, war die Einführung der Deutschen Mark in den West-sektoren (siehe S. 9). Die Geldscheine erhielten ein großes B für Berlin aufgedruckt. Stalin empfand das als Provokation, unterstrich die Maßnahme doch die Zugehörigkeit der Westsektoren Berlins zu den Westzonen, aus denen am 23. Mai 1949 durch Verkündung des Grundgesetzes die Bundesrepublik Deutschland hervorging. Wenn es nach dem sowjetischen Diktator gegangen wäre, sollte Westberlin in den Geltungsbereich der Ostmark einbezogen werden. Das aber kam für die Westalliierten nicht in Frage.

Die von den Sowjets verfügte Unterbrechung und Sperrung der Land- und Wasserwege sowie der Stromversorgung wurden von den Westmächten durch die Luftbrücke, die Versorgung der abge-riegelten Stadt mit Hilfe von Flugzeugen, beantwortet. Niemand wusste, wie lange die Blockade dauern wird, doch Oberbür-germeister Ernst Reuter räumte gegenüber dem amerikanischen Militärgouverneur in Deutschland, Lucius D. Clay, alle Skepsis mit den Worten aus: „Herr General, es kann überhaupt keine Frage sein, wo die Berliner stehen; die Berliner werden für ihre Freiheit eintreten und werden jede Hilfe, die ihnen angeboten wird, dank-bar annehmen". Diese Aussage war wichtig, weil selbst Clay nicht ganz davon überzeugt war, ob die Versorgungsflüge ausreichen werden und ob sich die ausgehungerten Westberliner nicht auf Hilfsangebote der Sowjets einlassen.

Bei der spektakulären Luftbrücke wurden an 462 Tagen bei über 277 000 Versorgungsflügen fast zwei Millionen Tonnen lebens-notwendige Güter - Nahrungsmittel, Brennstoff, Medikamente, Zeitungspapier usw. - nach Tempelhof, Gatow und Tegel geschafft und von dort auf die Bewohner der Westsektoren verteilt. Die Hilfe reichte knapp zum Überleben. Not und Hunger, Missmut und

Verzweiflung, aber auch trotziger Beharrungswille machten sich breit. Vergeblich lockte die östliche Besatzungsmacht die Eingeschlossenen mit dem Angebot, gegen Vorlage ihres Personalausweises im Ostsektor Lebensmittelkarten zu beantragen und so ihre Lage etwas zu verbessern. Doch machten davon nur 95 000 Menschen Gebrauch.

Vor dem zerschossenen Reichstagsgebäude protestierten am 9. September 1948 rund 300 000 Berliner gegen die Blockade. Großer Beifall brandete auf, als Ernst Reuter die historischen Worte sprach: „Heute ist der Tag, wo das Volk von Berlin seine Stimme erhebt. Dieses Volk von Berlin ruft heute die ganze Welt [...] Ihr Völker der Welt, ihr Völker in Amerika, in England, in Frankreich, in Italien! Schaut auf diese Stadt, und erkennt, dass ihr diese Stadt und dieses Volk nicht preisgeben dürft und preisgeben könnt". Reuters Ansprache war von der Sorge vor möglicher Kompromissbereitschaft der Westmächte gegenüber den Forderungen des Ostens geprägt. Doch sie stärkte den Beharrungswillen der Berliner, die einer harten Zeit entgegengingen, sich aber nicht weichkochen ließen. Der Politiker warnte vor faulen Kompromissen und beschrieb den geringen Wert sowjetischer Ehrenworte. Wer diese Stadt und dieses Volk von Berlin preisgeben würde, der würde eine Welt preisgeben, noch mehr, er würde sich selber preisgeben, hob Reuter unter dem Jubel der Zuhörer hervor. An die SED im Ostsektor gewandt, sagte Reuter: „Wir möchten der SED nur einen Rat geben: Wenn sie ein

Ein sogenannter Rosinenbomber schmückt das Dach des Deutschen Technikmuseums in Berlin-Kreuzberg

neues Symbol braucht, bitte, nicht den Druck der Hände, sondern die Handschellen, die sie den Berlinern anlegten. Die Handschellen, die sind in Wirklichkeit das Symbol dieser erbärmlichen Kümmerlinge, die für dreißig Silberlinge sich selbst und ihr Volk an eine fremde Macht verkaufen wollen."

Die Berliner nennen das 1951 eingeweihte Luftbrückendenkmal vor dem Flughafen Tempelhof treffend Hungerharke

Ein bei der Versorgung Berlins durch die Luft eingesetzter „Rosinenbomber" vom Typ C 47 Skytrain fand 1999 auf dem Dach des Deutschen Technikmuseums nicht weit vom Potsdamer Platz Aufstellung. Es ist ein emotional sehr anrührendes Denkmal für eine überaus harte Zeit, die man im Kabarett mit dem Lied „Der Insulaner verliert die Ruhe nicht" besang und in der Stalin einschließlich seiner Helfershelfer in Ostberlin an die Grenzen ihrer Macht stießen. Seit 1951 erinnert ein Denkmal, die von Eduard Ludwig geschaffene „Hungerharke" vor dem inzwischen still gelegten Flughafen Tempelhof, an die Luftbrücke. Die drei nach Westen geneigten Rippen symbolisieren die Luftkorridore, über die die Stadt versorgt wurde. Das Denkmal ehrt die 70 Angehörigen der alliierten Luftstreitkräfte sowie acht Deutsche, die bei den Flügen ums Leben gekommen waren.

BOTSCHAFTSBESETZER WOLLTEN AUSREISE ERZWINGEN

Der Januar 1989 begann mit einer spektakulären Aktion, über die nur in den Westmedien berichtet wurde. Mehrfach hatten ausreisewillige DDR-Bewohner in der bundesdeutschen Vertretung an der Hessischen Straße in Berlin-Mitte Zuflucht gesucht. Sie wollten bei den Behörden der Bundesrepublik ihre Ausreise in den Westen erreichen.

Zwanzig dieser Botschaftsbesetzer konnten am 11. Januar 1989 dazu bewegt werden, das Haus zu verlassen, nachdem ihnen Straffreiheit und Überprüfung ihrer Ausreiseanträge zugesichert worden war. Die Staatssicherheit trug Sorge, dass das Beispiel keine Schule machte und weitere DDR-Bürger von der Ständigen Vertretung fern blieben. Offenbar war der Kordon um das Haus nicht eng genug, denn im Laufe des Sommers 1989 kam es zu weiteren Aktionen dieser Art. Die bundesdeutsche Vertretung war, blamabel für die DDR, die sich gerade auf ihr vierzigjähriges Bestehen vorbereitete, voll von Ausreisewilligen. Über 130 Männer, Frauen und Kinder hielten sich dort auf. In einem Brief, den Bundeskanzler Helmut Kohl am 23. August 1989 erhielt, beschrieben sie ihre Lage so: „Ergreifende, tränenreiche und ungerechte Schicksale haben uns hier zusammen geführt. [...] Was Menschen in diesem Staat erlebt haben und erleben müssen, ist nahezu unvorstellbar. Frauen dürfen nicht zu ihren Männern, Kinder nicht zu ihren Eltern, Pflegebedürftige erhalten keine verwandtschaftliche Hilfe. Familienbande sollen zerrissen werden, was humanitäre Gründe sind, entscheiden die Behörden der DDR willkürlich. Vielen von uns wurde die Möglichkeit genommen, ihren Beruf auszuüben, andere wurden aufgrund ihres Berufes gegen ihren Willen in der DDR festgehalten." So verschieden die Beweggründe auch sein mögen, fuhren die Briefschreiber fort, sie alle seien fest entschlossen, bis zu einer für sie akzeptablen Lösung auf dem Gelände der Ständigen Vertretung zu bleiben. In seinen Erinnerungen bemerkte Helmut Kohl über den Brief, er drücke mehr aus als alle politischen Analysen. Der Kanzler beschrieb die Haltung seiner Regierung als unverrückbar und von den jeweiligen Stimmungen nicht beeinflussbar. Ziel sei und bleibe, „allen Deutschen das Recht auf Zuflucht und Unterstützung zu gewähren."

Vor der ehemaligen Vertretung der Bundesrepublik in der Hannoverschen Straße erinnert eine Stele an die dramatischen Besetzung durch ausreisewillige DDR-Bewohner

Viel konnte die Bundesregierung den Zufluchtsuchenden nicht helfen, Ostberlin blieb hart, und nach und nach verließen die DDR-Bewohner die Ständige Vertretung. Ihnen war von den ostdeutschen Behörden Straffreiheit und zügige Bearbeitung ihres Anliegens zugesichert worden. Die Ereignisse der folgenden Wochen und Monate brachte sie auf unerwartete Weise dann doch noch ans Ziel ihrer Wünsche. Einige mögen, da nach dem Fall der Berliner Mauer auch die lang ersehnte Reisefreiheit gewonnen war, zuhause geblieben sein.

Von den westlichen Medien weltweit verbreitet, führten die Botschaftsbesetzungen zu einer starken Verunsicherung und hektischen Gegenmaßnahmen des Honecker-Regimes. Der Partei- und Staatschef sah sich bemüßigt, immer wieder zu betonen, dass der „antifaschistische Schutzwall" ein unverbrüchlicher Garant des Friedens in Europa sei (siehe S. 97) und nahm seinen Untertanen jede Illusion, dass ihnen Reisefreiheit gewährt wird. Immer lauter ertönte in Berlin und der DDR der Ruf „Durch ganz Europa, aber nicht als alter Opa". Nach dem 9. November 1989 ging der Wunsch in Erfüllung.

BÜCHERVERBRENNUNGEN GAB ES SCHON BEIM ALTEN FRITZEN

Nicht erst bei den Nazis gab es Bücherverbrennungen. Auch früher wurden Bücher demonstrativ ins Feuer geworfen, um Schriftsteller und ihr Werk zu verdammen. Ein solches Autodafé fand 1753 in Berlin statt. Über abfällige Äußerungen erbost, ließ Friedrich II. eine von seinem Gast Voltaire verfasste Spottschrift öffentlich verbrennen.

Seit Bücher geschrieben und gedruckt werden, werden sie und ihre Autoren verfolgt und vernichtet. Friedrich II., den man gern Philosoph von Sanssouci nannte, war sich nicht zu schade, sich in die Reihen derer zu begeben, die freien, kritischen Geist durch Feuer und Henkershand bekämpften.

Ausgerechnet der aus Frankreich wegen aufklärerischer Schriften verbannte Voltaire hatte die zweifelhafte Ehre, dass eine Spottschrift dem Henker übergeben wurde. Von 1750 bis 1753 als Gast des preußischen Königs Friedrich II. in Berlin und Potsdam freundlich aufgenommen, legte er sich mit diesem an und erhielt prompt die Quittung. Zwar schätzte der Monarch die Klugheit und den beißenden Spott des Philosophen und Schriftstellers, doch da der eine ein ziemlich despotisch regierender wirklicher König und der andere nur König in der Sphäre des Geistes war,

Der französische Schriftsteller Voltaire hielt es nicht lange bei Friedrich dem Großen aus. Die beiden überwarfen sich, doch pflegten sie nach Beilegung von Streitigkeiten einen angeregten Briefwechsel. Holzstich von Adolph Menzel

blieben Konflikte nicht aus. Denn Friedrich II. ließ nicht zu, dass jemand an seiner autoritären Art zu regieren Anstoß nahm oder Leute beleidigte, die ihm nahestanden.

Angeblich soll Voltaire, an den im Schloss Sanssouci ein Zimmer erinnert, in eine Finanzaffäre verwickelt gewesen sein, und als er den aus Frankreich stammenden Akademiepräsidenten Pierre-Louis Moreau de Maupertuis angriff und über ihn außerhalb Preußens eine Spottschrift veröffentlichte, war das Maß voll. Der König entzog Voltaire seine Huld. Um zu zeigen, wer Herr im Hause ist, ließ er jene gegen Maupertuis gerichtete Schrift „Diatribe du docteur Akakia" öffentlich auf dem Gendarmenmarkt und anderen vornehmen Plätzen Berlins verbrennen, wie es in den Chroniken heißt. Der erboste Voltaire schickte dem König einen ihm verliehenen Orden, ein Pensionspatent und einen goldenen Kammerherrenschlüssel zurück. Der König lenkte später ein, doch das vertrauensvolle Verhältnis war gestört. Voltaire mied den Umgang mit dem König und verließ im Frühjahr 1753 Preußen. „Manches Bittere, in Versen und in Prosa, folgte noch auf diese Vorfälle; und dennoch sahen sich beide Männer, der König und Voltaire, in kurzer Frist zum Austausche ihrer Gedanken angetrieben", heißt es in Franz Kuglers berühmter Friedrich-Biographie mit den Illustrationen von Adolph Menzel aus dem Jahr 1840.

Voltaire zurückzuberufen, dazu war der König nicht mehr zu bewegen. Er mag seinem berühmten Gast auch abfällige Bemerkungen wie diese in einer anonymen Schrift von 1752 verübelt haben: „Er (der König) hat viel Geist; Kenntnisse nicht soviel als man ihm nachsagt; ist hervorragend nur im Militärischen, von dem er imstande ist, jeden möglichen Vorteil zu ziehen." Er behandle fast alle Welt wie Sklaven, alle seine Untertanen würden

*Mit der Bücherverbrennung am 10. Mai 1933 eröffneten die National-
sozialisten die „Gleichschaltung" des geistigen Lebens im Deutschen
Reich und einen Feldzug gegen Literatur, Kunst und Kultur, die nicht in
ihr rassistisches und politisches Weltbild passten*

in den härtesten und schmählichsten Fesseln gehalten. Natürlich
war der König von Preußen über ein solches Urteil nicht begeistert, doch nahm er es hin, weil es nach seiner Auffassung zum
Wesen eines Mannes in öffentlicher Stellung gehört, „dass Kritik
und Satire und oft sogar Verleumdung ihn aufs Korn nehmen",
wie Friedrich II. an seinen Freund George Keith schrieb.

Natürlich hinkt der Vergleich zwischen dem, was Voltaire widerfuhr, und der spektakulären Bücherverbrennung, die die Nationalsozialisten am 10. Mai 1933 auf dem Berliner Opernplatz
veranstalteten. Sie war in der Dimension und den Folgen weitaus
katastrophaler und vor allem tödlich. Indem die Nazis Bücher
von jüdischen oder politisch links gerichteten Autoren ver-
brannten, wollten sie ihre Verfasser bis ins Mark treffen und sie
erst symbolisch und dann, wo es möglich war, tatsächlich für
immer aus dem geistigen Leben entfernen. „Ich stand vor der
Universität, eingekeilt zwischen Studenten in SA-Uniform, den
Blüten der Nation, sah unsere Bücher in die zuckenden Flammen
fliegen und hörte die schmalzigen Tiraden des kleinen abge-
feimten Lügners". So erinnerte sich Erich Kästner als Augen-
zeuge und ein von der Bücherverbrennung betroffener Autor an
jenen 10. Mai 1933.

Angeführt und aufgestachelt von Hitlers Reichspropagandaminister Joseph Goebbels riefen Studenten sogenannte Feuersprüche,

als sie Schriften von Lion Feuchtwanger, Sigmund Freud, Karl Kautsky, Alfred Kerr, Heinrich Mann, Karl Marx, Carl von Ossietzky, Theodor Plivier, Erich Maria Remarque, Kurt Tucholsky, Arnold Zweig und vielen anderen in die Flammen warfen. Zeitgleich fanden im ganzen Reich weitere Autodafés dieser Art statt. Ihnen folgten landesweit Aktionen gegen undeutsches Theater und fremde Musik sowie entartete Kunst, wie die Nazis sagten, also gegen Werke, die mit der offiziellen Kunstanschauung der Nazis kollidierten oder von jüdischen Künstlern stammten, denen man die Arbeitserlaubnis genommen hatte.

An die Berliner Bücherverbrennung erinnern eine Gedenktafel an der „Kommode", der ehemaligen Königlichen Bibliothek (heute Juristische Fakultät der Humboldt-Universität) und eine unterirdische Gedenkstätte. Der aus Israel stammende Künstler Micha Ullman hat eine Bibliothek ohne Bücher gestaltet, die man von oben durch eine Glasscheibe betrachten kann. Sie verdeutlicht, wie leer und öde Kunst, Kultur und Wissenschaft ohne die Werke derer sind, die das nationalsozialistische Verdikt traf. Eine Inschrift zitiert Heinrich Heine, der wegen seiner jüdischen Herkunft und seiner pronociert vorgetragenen Gesellschaftskritik ebenfalls auf der Schwarzen Liste der Nazis stand, mit den prophetischen Worten „Das war ein Vorspiel nur, dort wo man Bücher verbrennt, verbrennt man am Ende auch Menschen".

Die Versunkene Bibliothek auf dem früheren Opernplatz und heutigen Bebelplatz in Berlin erinnert an die kulturelle Barbarei in der NS-Zeit

CHARITÉ WAR URSPRÜNGLICH EIN PESTHAUS

Die 57 000 Bewohner der preußischen Haupt- und Residenzstadt Berlin waren vor 300 Jahren von der Pest bedroht. Der König traf eilig Vorkehrungen, um die Auswirkungen der Epidemie einzugrenzen, die in den östlichen Landesteilen unzählige Tote gefordert hatte.

Friedrich I. ließ auf freiem Gelände außerhalb der Stadtmauern zwischen der Panke und dem Schönhauser Graben einen zweistöckigen Fachwerkbau errichten. Dieses Haus war die Keimzelle eines Klinikums, das in den folgenden 300 Jahren unter dem Namen Charité Weltruhm erlangte. Zwar blieb Berlin von der Pest verschont, doch das Krankenhaus war nicht umsonst gebaut worden, denn in der Folgezeit nutzte man es als Lazarett, Arbeitshaus für Bettler und Arbeitslose sowie Alten- und Pflegeheim. Dies aber reichte damaligen Medizinern nicht aus. Sie schlugen dem König vor, in dem Gebäude ein Krankenhaus für die Berliner und eine praktische medizinische Unterrichtsanstalt einzurichten. Friedrich Wilhelm I. stimmte zu und verfügte am Rand einer Kabinettsordre vom 9. Januar 1727: „Es soll das Hauß die Charité heißen". Dieser Name bezog sich auf die lateinische Bezeichnung Caritas für Nächstenliebe. Das Hospital war nicht nur für die Versorgung kranker Berliner zuständig, sondern auch für die Ausbildung von Militärärzten, die damals noch in den Kinderschuhen steckte. Mit dieser Aufgabenstellung reagierte der Herrscher auf die Umwandlung Preußens in einen Militärstaat, wie man ihn sonst kaum in Europa antraf. Neu in der Charité war, dass jeder Kranke ein eigenes Bett bekam. Das war vor 300 Jahren nicht selbstverständlich, und so half die Annehmlichkeit, Genesungsprozesse zu fördern und Infektionsgefahren abzuwehren.

Die Berliner Charité ging aus einem vor 300 Jahren zum Schutz vor der herannahenden Pest errichteten Gebäude hervor. Stich aus dem frühen 18. Jahrhundert

Schon bald zeigte sich, dass das Fachwerkhaus viel zu klein war, um den großen Bedarf an Krankenbetten und Behandlungszimmern zu decken. Da kein Neubau in Sicht war, weil die Staatseinnahmen die Bedürfnisse des königlichen Hofes und des Militärs befriedigen mussten, wurden in der nahe gelegenen Friedrichstraße Wohnungen angemietet, in denen medizinischer Unterricht erteilt wurde. Das war auf die Dauer unhaltbar, doch bekam die Charité erst im ausgehenden 18. Jahrhundert ein neues Krankenhaus, das zugleich als Ausbildungsstätte diente. Das Fachwerkhaus von 1710 wurde abgerissen.

Die Gründung der Berliner Universität 1809 und ihre Inbetriebnahme 1810 (siehe S. 63) verschaffte der Krankenanstalt neue Entfaltungsmöglichkeiten, doch litt sie unter der räumlichen Entfernung von der im Prinz-Heinrich-Palais Unter den Linden untergebrachten Alma mater und der Verteilung über mehrere Standorte. Im Verlauf des 19. Jahrhundert entstanden an der Ziegelstraße und der Luisenstraße im heutigen Bezirk Mitte für damalige Verhältnisse großzügige Bauten für die Chirurgie sowie die Augenheilkunde, ferner Säle für die Ausbildung angehender Mediziner sowie zur Sektion von Leichen. Die Neue Charité genannte Einrichtung verfügte über Abteilungen zur Aufnahme von Patienten, die unter Geschlechtskrankheiten litten, sowie für

Die in Backsteinbauweise erbauten Häuser auf dem Charitégelände stehen unter Denkmalschutz

Geisteskranke, wie man sagte, und für erkrankte Strafgefangene. Außerdem existierte auf dem weitläufigen Charité-gelände an der Luisenstraße eine Tierarzneischule, in der Veterinäre, die sogenannten Pferdeärzte, in einem eigens errichteten Hörsaalgebäude, den sogenannten Trichinentempel, ausgebildet wurden. Pläne der Nationalsozialisten, die Universität einschließlich der Charité auf ein Gelände an der Heerstraße in der Nähe des Olympiastadions zu verlagern und dort eine neue Hochschulstadt zu schaffen, blieben wegen des Kriegsverlaufs liegen. Bei Bombenangriffen im

Überall auf dem Gelände der Charité werden hervorragende Mediziner durch Denkmäler geehrt, dieses erinnert an den Augenarzt Albrecht von Graefe

Zweiten Weltkrieg wurde ein Teil der Charitébauten zerstört und danach wieder aufgebaut. Wahrzeichen des Klinikums, das zugleich als Forschungs- und Ausbildungsstätte dient, ist der in den 1980er Jahren errichtete, 86 Meter hohe Neubau mit tausend Betten und 24 Operationssälen. Heute besitzt die Charité als hochmodernes und größtes Universitätsklinikum Europas einen Namen, der mit keinem anderen Klinikum in Deutschland zu vergleichen ist.

In dem 1899 von dem berühmten Arzt und Politiker Rudolf Virchow gegründeten Pathologischen Museum, das heute Berliner Medizinhistorisches Museum der Charité heißt, sind in Schauvitrinen durch Präparate zahlreiche Erkrankungsformen dokumentiert. Virchow hatte die Sammlung an seiner Wirkungsstätte, der Charité, in der zweiten Hälfte des 19. Jahrhunderts aufgebaut und sie zu einer der größten dieser Art weltweit gemacht. Als das Museum am 27. Juni 1899 eröffnet wurde, verfügte es bereits über mehr als 20 000 Präparate. Mit den Schau- und Lehrstücken wollte Virchow angehenden und ausgebildeten Medizinern, aber auch der interessierten Öffentlichkeit einen Blick „unter die Haut" der Menschen gewähren und naturwissenschaftlich fundiert zeigen, wie es zu Krankheiten kommt und wie man sie bekämpft.

Die meisten von Virchow und seinen Kollegen gesammelten Präparate gingen im Zweiten Weltkrieg verloren. Viele Lücken konnten in den vergangenen Jahren durch neue Exponate geschlossen werden. Die Spezifik einer großen Zahl der ziemlich gruselig wirkenden Exponate gebietet, dass Jugendliche unter 16 Jahren nur in Begleitung von Erwachsenen das Museum besuchen können, Schülerinnen und Schüler haben erst ab der 10. Klasse Zutritt.

Im Medizinhistorischen Museum auf dem Charitégelände können sich Medizinstudenten und andere Interessenten mit der Geschichte der Medizin und der Krankenpflege vertraut machen. Eine neue Ausstellung zur Geschichte der Charité macht nicht nur mit Fortschritten und Entdeckungen auf verschiedensten Gebieten der Medizin bekannt, sondern würdigt bedeutende Ärzte wie Robert Koch, Albrecht von Graefe und Rudolf Virchow, deren Denkmäler das Charitégelände schmücken. Sehenswert ist der im Haus des Medizinhistorischen Museums befindliche Rudolf-Virchow-Hörsaal, der wie andere Bauten auf dem Campus Opfer des Bombenkriegs wurde. Als stattliche Halbruine gesichert, hat er sich mit seinem maroden Charme zu einem beliebten Veranstaltungsort entwickelt.

EINHEITSDENKMAL LÄSST AUF SICH WARTEN

Der letzte DDR-Ministerpräsident Lothar de Maizière und weitere Prominente setzen sich seit Jahren dafür ein, in Berlin ein nationales Freiheits- und Einheitsdenkmal zu errichten, doch ist die Realisierung nicht in Sicht. Nachdem sich der Deutsche Bundestag für das Monument ausgesprochen hatte, geht das Projekt in die konkrete Phase. Kulturstaatsminister Bernd Neumann zufolge soll das Monument symbolisch für die Freude der Deutschen stehen, in Freiheit und Selbstbestimmung wiedervereint zu sein. Mit dem Bundestagsbeschluss sind alle Pläne hinfällig, „das" deutsche Denkmal zum Fall der Mauer und zur Wiedervereinigung in Leipzig aufzustellen oder es an der Bornholmer Straße in Berlin zu errichten, wo in der Nacht vom 9. zum 10. November 1989 die ersten DDR-Bürger an den völlig konsternierten Grenzern vorbei in den Westteil der Stadt strömten. Dort wie auch in Leipzig wird auf andere Weise an die dramatischen Ereignisse erinnert, die zum Ende der SED-Herrschaft und zur Wiedervereinigung führten. Im Bundestagsbeschluss heißt es, die Bundesrepublik Deutschland

Auf dem Sockel des ehemaligen Nationaldenkmals Kaiser Wilhelms I. soll in den nächsten Jahren ein Einheits- und Freiheitsdenkmal errichtet werden. Über sein Aussehen wird noch diskutiert.

werde „in Erinnerung an die friedliche Revolution im Herbst 1989 und an die Wiedergewinnung der staatlichen Einheit Deutschlands ein Denkmal der Freiheit und Einheit Deutschlands (errichten), das zugleich die freiheitlichen Bewegungen und die Einheitsbestrebungen der vergangenen Jahrhunderte in Erinnerung ruft und würdigt". Damit sind die revolutionären Ereignisse von 1848, 1918 und 1953, der Widerstand gegen das Naziregime und weitere herausragende Bestrebungen zur Erlangung demokratischer Verhältnisse in diesem Land gemeint.

Das Denkmal, für das fünf Millionen Euro eingeplant sind, soll in der Mitte Berlins, konkret auf der über 3000 Quadratmeter großen Fläche gebaut werden, auf der sich bis nach dem Zweiten Weltkrieg das 1897 eingeweihte Nationaldenkmal Kaiser Wilhelms I. erhob. Der als Standort vorgeschlagene Unterbau auf der Schlossfreiheit in Berlin-Mitte ist Eigentum des Landes Berlin, misst 80 mal 40 Meter und liegt etwa einen Meter über dem Straßenniveau. „Aussagekraft und Wirkung sollen sich über die Gestaltung entfalten. Auf andere Orte wie vor allem auf Leipzig, das eine herausragende Rolle bei der friedlichen Revolution spielte, soll Bezug genommen werden", heißt es im Beschluss. Das Denkmal könne nicht die vertiefende Beschäftigung mit den vielfältigen Fragestellungen ersetzen, die sich aus der Diskussion um Freiheit und Einheit in Europa ergeben. Hierfür sei ein Verweis auf museale Einrichtungen, Forschungsinstitute und Erinnerungsorte sinnvoll. Das Denkmal sollte im engen Umfeld durch einen Informationsort vervollständigt werden, in dem Medienstationen mit Redeausschnitten das Thema vertiefen, ergänzt durch weitere Wort- und Bilddokumente, die den Willen zu Freiheit und Einheit in Deutschland im 19. und 20. Jahrhundert zum Ausdruck bringen.

Im Interesse größtmöglicher öffentlicher Akzeptanz wurde für das Denkmal ein offener, zweistufiger Realisierungswettbewerb ausgeschrieben, an dem sich Bildhauer, Architekten sowie Stadt- und Gartengestalter aus aller Welt beteiligt haben. In die engere Wahl gezogene Vorschläge wurden Ende 2010 öffentlich ausgestellt. Wann das Denkmal eingeweiht wird, ist unklar, angestrebt war die Grundsteinlegung am 9. November 2009, dem 20. Jahrestag des Falls der Mauer. Doch ist dieser Termin verstrichen, so dass man sich wohl auf längere Fristen einstellen muss, vergleichbar etwa mit dem 2005 eingeweihten Denkmal für die ermordeten Juden Europas in der Nähe des Brandenburger Tors oder der Topographie des Terrors, deren Ausgestaltung sich jahrelang hingezogen hat und erst im Mai 2010 abgeschlossen war.

Das 1897 von Kaiser Wilhelm II. eingeweihte Reiterdenkmal Kaiser Wilhelm I., der 1888 starb, ist ein Werk des Bildhauers Reinhold Begas und weiterer Künstler und stand bis zum Abriss nach dem Zweiten Weltkrieg gegenüber dem Stadtschloss. Nachdem die Anlage beseitigt und die Bronzefiguren eingeschmolzen waren, blieben nur der Unterbau sowie vier monumentale Bronzelöwen im Tierpark Friedrichsfelde erhalten.

EISERNER HINDENBURG UND EISERNER GUSTAV

Zu den verloren gegangenen Denkmälern in Berlin gehört der „Eiserne Hindenburg", eine im Ersten Weltkrieg vor dem Reichstagsgebäude auf dem damaligen Königsplatz, dem heutigen Platz der Republik, aufgestellte Holzfigur des kaiserlichen Generalfeldmarschalls Paul von Hindenburg. Aus anderem Holz geschnitzt war der Droschkenkutscher Gustav Hartmann, der als Eiserner Gustav zur Legende wurde.

Menschen aller Klassen, wie es damals hieß, schlugen in Sichtweite des Bismarck-Denkmals und der Siegessäule gegen einen Obolus Nägel in das Hindenburg-Monument, das nach und nach ein Eisenkleid erhielt. Fünfzehn Meter hoch und auf einem Sockel stehend, soll der aus russischem Erlenholz gefertigte Chef des Generalstabs Platz für zwei Millionen Nägel im Gewicht von 14 000 Kilogramm geboten haben. Der Erlös der mit der Nagelung verbundenen Spendenaktion ging an das Deutsche Rote Kreuz.

Verwendet wurden eiserne Nägel sowie solche mit versilberter und vergoldeter Oberfläche. Je nach Sorte kosteten die Nägel eine, fünf und hundert Mark. Jeder Nagler erhielt eine Erinnerungsmedaille aus Eisen beziehungsweise in versilberter und vergoldeter Form, die man am schwarz-weiß-roten Band tragen konnte. Dazu wurden Urkunden mit der Ansicht der Sehenswürdigkeit vergeben, auf denen das Anliegen der von der Nationalstiftung für die Hinterbliebenen der im Krieg Gefallenen initiierten Aktion so beschrieben wurde: „Unser Eiserner Hindenburg soll zeugen von den Heldentaten deutscher Männer, den Gefallenen zur Ehre, den Hinterbliebenen zum Trost und zur Unterstützung, der Stadt Berlin zum Ruhm und der Jugend zur Nacheiferung."

Die damalige Presse überschlug sich in Lobpreisungen. „Aus allen Gauen Deutschlands laufen hohe Beträge ein, die dafür zeugen, welch großes Interesse dem Eisernen Hindenburg entgegengebracht

Wer im Ersten Weltkrieg Nägel in die Holzfigur des Generalfeldmarschalls Paul von Hindenburg schlug, tat etwas für verwundete Soldaten. Karikatur von Paul Simmel

wird", schrieb der Berliner Lokal-Anzeiger am 20. August 1915. Dass man der Figur Gesichtszüge und Uniform des Generalfeldmarschalls gab, war Ausdruck damaliger Hindenburg-Verehrung. Über 40 Holzbildhauer sollen an der Herstellung der Figur beschäftigt gewesen sein, die am 4. September 1915, gut ein Jahr nach Beginn des Krieges, eingeweiht wurde. Sie verschwand erst von der Bildfläche, als das deutsche Kaiserreich den Krieg mit Pauken und Trompeten verloren hatte und die Monarchie, der Paul von Hindenburg mit Hingabe gedient hatte, im Verlaufe der Novemberrevolution 1918 im Orkus der Geschichte verschwunden war.

Bei der Weihe des Monuments beschrieb Reichskanzler Theobald von Bethmann Hollweg Paul von Hindenburg, der 1933 zum Steigbügelhalter Hitlers werden sollte, enthusiastisch als einen Mann, dem die Liebe der Soldaten gehört. Er „steht fest gewachsen im Herzen des ganzen Volkes, in ihm zuerst verkörpert sich uns das Heldentum unserer Heere, die gewaltige Leistung ihrer Führer. Schwertschlag und Hammerschlag, Verteidiger und Zertrümmerer, das ist uns Hindenburg. Was wir ihm schuldig sind, hat der Kaiser in herrlichen Worten ausgesprochen: Nie erlöschender Dank", zitierte der Berliner Lokal-Anzeiger vom 4. September 1915 den Reichskanzler.

Die Euphorie über Berlins neue Attraktion war kaum zu bremsen, auch nicht durch Nörgeleien des Bildhauers Louis Tuaillon und anderer Künstlerkollegen, die von dieser Errungenschaft überhaupt nicht begeistert waren. In einem Brief an den Berliner Oberbürgermeister Wermuth nannte Tuaillon, der sich durch zahlreiche Monarchenstandbilder einen Namen gemacht hatte, die Aktion eine große Geschmacklosigkeit. Das künstlerische Niveau dieser Scheußlichkeit sei unter dem von Jahrmarktsbudenfiguren. „Durch die Förderung dieser Sache ist ein Verbrechen an der Volksseele begangen, das der Gewinn der paar Millionen, die eventuell für Unterstützungen dabei herauskommen, nicht gerechtfertigt werden kann." Der um guten Geschmack und das Kunstverständnis des Volkes besorgte Bildhauer fordert die Stadt Berlin auf, schon jetzt an Denkmäler nach dem Krieg zu denken, die künstlerischen Ansprüchen genügen. Die durch den Eisernen Hindenburg ausgedrückte Kulturbarbarei dürfe nicht fortgeschrieben werden.

Zu einem lebendigen Denkmal wurde der Droschkenkutscher Gustav Hartmann. Er setzte sich mit dem Ausspruch „Wat Stresemann nich jeschafft hat, det werde ick machen" am 2. April 1928 mit seinem schon recht klapprigen Gaul „Grasmus" auf der Reichsstraße 1 nach Paris in Bewegung. Die über 2000 Kilometer lange Fahrt war nicht nur ein Werbezug für Verständigung zwischen den ehemaligen „Erbfeinden" Deutschland und Frankreich zehn Jahre nach dem Ersten Weltkrieg, sondern auch eine Kampagne gegen den Niedergang des Pferdedroschkenwesens angesichts boomender Automobilität. Als der wegen seiner Energie „Eiserner Gustav" genannte Hartmann am 4. Juni 1928, seinem 69. Geburtstag, an der Seine ankam, war er ein berühmter Mann. Auszeichnungen wurden ihm an die Brust geheftet, Empfänge für ihn veranstaltet. Pariser Kollegen ernannten ihn zum Ehren-droschkenkutscher. Drei Monate später, am 12. September 1928, begrüßten ihn die Berliner mit unbeschreiblichem Jubel. Heinz Rühmann setzte dem weltberühmten Kutscher ein rührendes Filmdenkmal, Hans Fallada erhob ihn zur Romanfigur.

Berlin, an Standbildern für Potentaten, Politiker und Professoren nicht gerade arm, hat vor einigen Jahren dem legendären Fahrensmann aus Wannsee ein Denkmal gesetzt. Ähnlich erlebte ein anderes Original, der Hauptmann von Köpenick, vor dem Köpenicker Rathaus seine bronzene Wiedergeburt (siehe S. 60). Hartmann wurde zur Ikone des Berliner Taxiwesens. Nach zermürbendem

Gustav Hartmann fuhr 1928 mit seinem Gaul von Berlin nach Paris, warb für Völkerverständigung und den Erhalt des Droschken-kutschergewerbes und wurde zur Legende. Sein von Gerhard Rommel geschaffenes Denkmal schmückt die Potsdamer Straße unweit des Kulturforums.

Hin und Her fand man für die von dem Bildhauer Gerhard Rommel geschaffene Figur des Berliner Originals einen Platz mitten im Verkehrsgewühl an der Potsdamer Straße gleich beim Kulturforum. Den obligatorischen Zylinder auf dem Kopf und einen weiten Mantel um die Schultern, ein Hufeisen auf der Brust, die Hände verschränkt, schaut Hartmann hinüber zur Neuen Nationalgalerie.

Die imposante Figur mit langem Bart und aufmerksamem Blick erinnert nicht nur an ein Symbol vergangener Droschkenkutscher-herrlichkeit, sie ehrt auch den Namensgeber einer Stiftung zur Unterstützung alter, verdienter, unverschuldet in Not geratener Angehöriger des Berliner Droschkengewerbes, wie es in der Gründungsurkunde vom 12. September 1928 heißt. Mit einer großzügigen Einlage hatte sich Hartmann an dem Hilfsfonds beteiligt, der auch heute Opfern von Unfällen und Überfällen beisteht. Nach seiner spektakulären Fahrt verkaufte er Ansichtskarten und starb hochbetagt im Jahr 1938. Sein Grab befindet sich auf dem Friedhof an der Lindenstraße in Wannsee.

ERICHS LAMPENLADEN VERSCHWAND
IM ORKUS DER GESCHICHTE

Der Palast der Republik wurde in den vergangenen Jahren von mehr als 700 Tonnen Spritzasbest befreit und ist inzwischen verschwunden. Wegen der fast 10 000 in den Sälen eingebauten Kugeleffektleuchten erhielt der Palast der Republik den Spitznamen „Erichs Lampenladen", doch man nannte ihn mit Blick auf die Dimensionen „Palazzo Prozzo" oder wegen der hohen Baukosten „Ballast der Republik".

Mit ungeheurem Aufwand an Material und Technik sowie Kosten von einer – nie offiziell zugegebenen – Milliarde DDR-Mark wurde das Gebäude zwischen 1973 und 1976 in weniger als tausend Tagen unter Aufbietung aller Kräfte und Ressourcen aus dem Boden gestampft. Die am 23. April 1976 vom SED- und Staatschef Erich Honecker eingeweihte Mehrzweckhalle beherbergte in einem gesonderten Trakt die Volkskammer, in der die SED dominierte und die ihr untergeordneten Blockparteien und Massenorganisationen stets einstimmig deren Ratschlüsse billigten. Alle übrigen Bereiche wurden für Polit- und Kulturveranstaltungen sowie auf mehreren Etagen für gastronomische Zwecke genutzt, wobei moderate Preise mehr Besucher anlockten, als die Restaurants fassen konnten. Karten für Plätze und Tische zu bekommen, war schwierig und mit langen Wartezeiten verbunden, sofern man keine „Beziehungen" hatte. Manchmal wurden solche Karten als Prämien vergeben. Der Mittelsaal mit 5000 Sitzplätzen konnte im Handumdrehen in einen Konferenz-, Konzert-, Ball- und Bankettsaal verwandelt werden. Von hier übertrug das DDR-Fernsehen Parteitagsreden und bunte Veranstaltungen, bei denen „Ein Kessel Buntes" ganz oben rangierte. Als Nachfolger des SED- und Staatschefs Walter Ulbricht setzte sich Erich Honecker, um Popularität im Inneren und Anerkennung im Ausland bemüht, mit dem Riesenbau ein Denkmal, dessen historische und architektonische Bedeutung umstritten war und ist. Nur 14 Jahre galt der Festspruch von 1976: „Hier werden Mut und Freude sich vereinen / In ihm wird Frohsinn wohnen und auch Glück! / Denn hinter diesen festen Marmorsteinen, / da schlägt das Herz der ganzen Republik".
Nach der Wiedervereinigung 1990 wollten die einen das Haus erhalten, weil sie hier bei mäßigen Preisen schöne Stunden ver-

Umstritten ist bis heute die Entscheidung, den Palast der Republik abzureißen. Das Foto zeigt ihn von der Schlossbrücke aus während der Asbestbeseitigung.

lebt und die Abgeordneten der am 18. März 1990 erstmals frei gewählten Volkskammer ihr Ja zur Wiedervereinigung erklärt hatten, andere Leute, vor allem solche aus dem Westen, fühlten sich abgestoßen von der Architektur an Berlins prominentester Stelle und noch mehr durch die Nutzung des Palastes der Republik als Ort bombastischer SED-Parteitage.

Als Grund für das 2002 vom Deutschen Bundestag beschlossene Verschwinden des Palastes der Republik im Orkus der Geschichte wurde seine hohe Belastung durch krebserregenden Asbest angegeben. Die über eine Fläche von 170 000 Quadratmetern verteilte Substanz sollte im Falle eines Brandes das Durchglühen oder Verbiegen der Stahlträger und damit einen Einsturz des Prestigebaues verhindern. Bei ähnlich abgesicherten Gebäuden, etwa dem Internationalen Congress Centrum im Westteil von Berlin, wurde die Frage nach der Asbestbelastung und dem Abriss nicht gestellt. Nach Sicherheitsstandards wie beim Palast der Republik errichtet, steht das ICC noch immer und soll in den kommenden Jahren saniert werden.

Was im Palast der Republik nicht niet- und nagelfest war, wurde in den neunziger Jahren fortgeschafft; Porzellan, Gläser und Essbestecke sowie andere Ausstattungsstücke fanden neue Abnehmer. Nach dem Ableben der DDR wurde deren Staatswappen mit Hammer und Zirkel auf der Glasfront über der Tribüne demontiert. Das Emblem sowie eine von namhaften DDR-Malern zur Verherrlichung der Sieghaftigkeit des Kommunismus geschaffene Bildergalerie, aber auch einige Möbel erhielten im Deutschen Historischen Museum Asyl.

Das Aus für das „Haus des Volkes", wie der nach Plänen von Heinz Graffunder und anderen Architekten erbaute Palast der Republik in seinen besten Zeiten genannt wurde, geht auf Beschlüsse des Deutschen Bundestags zurück, der am Schlossplatz das sogenannte Humboldt-Forum errichten will. Bis jetzt ist davon bis auf grünen Rasen, der die Fläche des früheren Palastes der Republik und Teile des Schlossplatzes bedeckt, nichts zu sehen, der Baubeginn ist wegen aktueller Sparpläne der Bundesregierung auf das Jahr 2014 verschoben (siehe S. 150).

FERNSEHTURM AUF DER ABRISSLISTE?

Schon von weitem ist er zu sehen, er steht wie ein Fels in der Brandung – der Fernsehturm. Doch stimmen Gerüchte, dass er in bilderstürmerischer Absicht oder aus wirtschaftlichen Erwägungen abgerissen werden sollte?

Als der Sende- und Aussichtsturm zwischen 1965 und 1969 in einem ungeheuren Kraftakt errichtet wurde, gab es ein großes Staunen. Nach dem Willen der damaligen SED- und DDR-Führung wurde er nicht irgendwo am Rand von Berlin, sondern im Herzen der DDR-Hauptstadt, wie es immer hieß, als Fanal für die „Sieghaftigkeit des Sozialismus" errichtet. Bei der Gestaltung hatte man an alles gedacht, jede Menge Ost- und Westgeld stand zur Verfügung. Doch einen Haken gab es, denn wenn die Sonne auf die riesige Kugel mit dem Telecafé darin schien, bildete sich auf der glänzenden Aluminiumhaut ein Kreuz, ein Gotteszeichen, das man auch heute beobachten kann. Es verschaffte dem Fernsehturm den inoffiziellen Spottnamen „Sankt Walter". Zum Ärger des überzeugten Kommunisten und Atheisten, SED- und Staatschef Walter Ulbricht, hatte man keine Möglichkeit, den unerwünschten optischen Effekt, sozusagen einen späten Triumph der Kirche über die Gottlosigkeit in der DDR, zu korrigieren. Weitere Spitznamen für den nach Plänen von Hermann Henselmann erbauten, 368 Meter hohen Turm wie „Ulbrichts Renommierpimmel" oder „Telespargel" standen systemkonformen Bezeichnungen wie „Leuchtturm des Sozialismus" entgegen. Da diese Schmeichelnamen bis zum Überdruss von den ostdeutschen Medien in Bild, Schrift und Gesang verbreit wurden, setzten sie sich nicht durch. Gerüchte über Pläne, den zu den markantesten Bauten der DDR-Geschichte zählenden, zudem noch mit der Person des blutbefleckten und als „Mauerbauer" belasteten SED-Chefs und DDR-Staatsratsvorsitzenden Walter Ulbricht in Verbindung gebrachten Turm abzutragen und aus dem Stadtbild zu tilgen, entbehren jeder Grundlage, werden aber immer wieder neu kolportiert wie manch andere Legende auch. Die Gerüchte kamen vor ein paar Jahren auf, nachdem eine in den USA lebende Erbengemeinschaft Ansprüche auf das 1941 enteignete Gelände erhoben und gefordert hatte, das Areal neu zu bebauen, was dann auch die Beseitigung des Turms eingeschlossen hätte. Nichts ist an solchen Geschichten dran, im

Der 1969 mit großem Pomp eingeweihte Fernsehturm avancierte schnell zum Berliner Wahrzeichen. Von seiner Kuppel gingen sehnsuchtsvolle Blicke über die Mauer in den Westteil der Stadt.

Gegenteil wurde der täglich von zahllosen Neugierigen besuchte Sende- und Aussichtsturm in den vergangenen Jahren für viel Geld saniert und modernisiert. Bei besonderen Anlässen wie dem Festival of Lights werden der Betonschaft und die blitzende Kugel in der Dunkelheit farbig angestrahlt. Zur Fußball-Weltmeisterschaft 2006 in Deutschland erhielt die Kugel einen Überzug mit der ausschließlich von der Telekom verwendeten rotblauen Farbe Magenta.

FRÄULEIN VOM AMT STELLTE TELEFONVERBINDUNG HER

Als am 1. April 1881 in Berlin als erster Stadt im damaligen deutschen Kaiserreich das Telefonzeitalter eröffnet wurde, gab es nur 48 Teilnehmer. Dass man in der Reichshauptstadt telefonieren konnte, ist Generalpostmeister Heinrich von Stephan zu verdanken.

Das Museum für Kommunikation an der Leipziger Straße, Ecke Mauerstraße im Bezirk Mitte besitzt eine großartige Sammlung historischer Telefonapparate und stellt die schönsten aus

Dem innovativen Beamten schwebte mit dem Fernsprecher – dieser Begriff wurde von ihm erfunden – ein Kommunikationsmittel „für jedermann" vor. Allerdings fand Stephans Aufruf wegen der ziemlich hohen Installationskosten zunächst wenig Widerhall.

Die kleine Berliner Telefongemeinde war anfangs per Draht miteinander verbunden. Da die ersten Telefonapparate noch keine Wählscheibe besaßen, mussten die Verbindungen vom „Fräulein vom Amt" in der zentralen Gesprächsvermittlung an der Französischen Straße per Hand gestöpselt werden. Wie das Telefonieren langsam den Kinderschuhen entwuchs und welche urtümlich anmutenden Apparate anfangs im Einsatz waren, wird im ehemaligen Kaiserlichen Postmuseum und heutigen Museum für Kommunikation an der Leipziger Straße (Mitte) demonstriert.

Wie ein Blick in die Berlin-Chronik zeigt, hatte das Telefon mit einigen Anlaufproblemen zu kämpfen. Unter den ersten Fernsprechteilnehmern befanden sich kaum Privatleute, und auch die Behörden rissen sich nicht gerade darum, miteinander auf neue Art zu kommunizieren. Wenn Nachrichten schnell und sicher verschickt werden sollten, geschah das durch Boten oder per Post, die damals noch mehrmals am Tag ausgetragen wurde. Noch schneller war die Rohrpost, die im wahrsten Sinne des Wortes in Windeseile Briefe und andere Sendungen beförderte. Auch die Einführung der „pneumatischen Depeschenbeförderung", wie man damals sagte, am 1. Dezember 1876 geht wie vieles andere auf Heinrich von Stephan zurück.

Zeigten Privatpersonen und Ämter beim Telefonieren anfangs noch Zurückhaltung, so griffen Zeitungen, Banken und große Unternehmen begeistert zum Telefonhörer. Die Vorteile des neuen Mediums sprachen sich schnell herum, und so wich die anfäng-

Mit der Berliner Rohrpost konnten Briefe und andere Sendungen in Windeseile verschickt werden. Die Anlage ist seit langem stillgelegt und existiert heute nur in Rudimenten.

liche Zurückhaltung einer regelrechten Telefon-Euphorie. In einem Berlin-Buch aus dem Jahr 1895 wird festgestellt, dass Berlin das weiteste und beste Fernsprechnetz besitzt, „denn mit ihren Vororten verfügt unsere Stadt über ca. 21 000 Sprechstellen, unter denen im letzten Jahr über 103 Millionen Verbindungen stattfanden, an jedem Tage also durchschnittlich 326 500". Das erste Berliner Telefonbuch war eine dünne Broschüre mit wenigen Nummern und Adressen sowie einer Anweisung, wie die von der Firma Siemens & Halske gebauten Apparate zu handhaben sind. Wurde das Telefon anfangs von größeren Firmen, von Behörden und besser gestellten Personen benutzt, so wurde es im Laufe der vergangenen hundert Jahre zu einem Massenmedium.

In der DDR waren Telefone Raritäten. Als Privatperson musste man sehr viel Zeit und Geduld aufbringen, um einen Anschluss zu bekommen. Zwischen Antragstellung und Zuteilung konnten schon mal zehn und mehr Jahre liegen, vergleichbar mit Terminen für Autos. Als Mitarbeiter „staatlicher Organe", und das konnten Behörden, Staatssicherheit, Armee und ähnliche Einrichtungen sein, oder wenn man in systemrelevanten Berufen tätig war, bekam man schneller ein Telefon. Da im Arbeiter-und-Bauern-Staat immer und überall abgehört wurde und das Post- und Fernmeldegeheimnis keinen Pfifferling wert war, musste man sich beim Telefonieren zügeln und bediente sich gewisser Verschlüsselungen. Wenn es wieder einmal verdächtig in der Leitung knackte, sollen manche DDR-Bewohner ein „Herzlich Willkommen in der Runde" in den Hörer gerufen haben. Manch einer fand nach dem Ende der DDR sorgsam protokollierte Telefongespräche in den Spitzenberichten der Staatssicherheit, und das war bestimmt keine heitere Lektüre.

FREIE WAHLEN OHNE FALSCHE ZAHLEN

Ein Witz in der DDR ging so: Im Innenministerium wurde eingebrochen, Erich Honecker erkundigt sich beim Minister, was gestohlen wurde. „Nichts Schlimmes, nur die Wahlergebnisse der nächsten 30 Jahre", war die Antwort. Wer sich mit diesem Spruch erwischen ließ, konnte wegen Staatsverleumdung verhaftet und verurteilt werden.

Ein Markstein auf dem Weg der DDR in den Abgrund war die Kommunalwahl am 7. Mai 1989. In einer Situation, als sich in den Genehmigungsstellen Anträge auf „ständige Ausreise" häuften und sich die Opposition immer angstfreier und selbstbewusster zu Wort meldete, sollte die Stimmenabgabe so etwas wie ein „überwältigendes Votum" für den Kurs der SED und ihres Generalsekretärs Erich Honecker werden. Um keine Zeit zu verlieren, gab der Sekretär für Sicherheitsfragen im SED-Politbüro, Egon Krenz, im Februar 1989 diese Linie aus: „Vor uns liegen drei Monate intensiven Wahlkampfes, ein Vierteljahr gemeinsamer Anstrengungen [...]. Unsere Wahlbewegung ist Wahlkampf, weil wir alle Bürger davon überzeugen wollen, dass jede Stimme für die Ziele des Wahlaufrufes zählt: Sie ist eine Wortmeldung für einen starken Sozialismus, für die Bewahrung des Friedens und damit für eine sichere gemeinsame Zukunft".

Liefen in früheren Jahren solche Zettelfaltaktionen ohne Betreten der Wahlkabine und ohne größere Komplikationen ab, so war es 1989 anders. Bürgerrechtler kündigten die genaue Beobachtung des Wahlaktes an, und es wurde damit gerechnet, dass mehr Leute in der Kabine ihr Wahlrecht wahrnehmen würden. Die Stasi und die Volkspolizei wurden in Alarmbereitschaft versetzt. Sogenannte gesellschaftliche Kräfte und Agitatoren waren unterwegs, um wahlunwillige Bürger zu veranlassen, zur Stimmabgabe zu erscheinen. In einem Brief an Erich Honecker drückte Egon Krenz die Erwartung aus, „dass gegnerische Kräfte, insbesondere wiederum jene, die ‚unter dem Dach der Kirche' agieren, verstärkt in den Wahlbüros jede Handlung der Wahlvorstände beobachten, um an eventuellen unkorrekten Handlungen die Nichteinhaltung der wahlrechtlichen Bestimmungen ‚nachzuweisen'". Krenz schrieb später, die Kontrolle durch 300 000 Wahlhelfer sei für ihn der Beweis gewesen, „dass diese Wahlergebnisse dem entsprachen, was aus den Kreisen und Bezirken gemeldet wurde".

Krenz' Politbüro-Genosse Günter Schabowski behauptete 1991 in seinem Buch „Der Absturz", dass ohne sein Wissen und folg-

*Die Kommunal-
wahl 1989
erbrachte das
von der SED
vorher festgelegte
Ergebnis von fast
hundert Prozent
Jastimmen*

lich ohne seinen Auftrag schon Tage vor der Wahl Abgesandte des Berliner Magistrats bei den Bürgermeistern der Stadtbezirke erschienen seien, um anhand aller bis dahin vorliegenden Erkenntnisse über die Wählerstimmen eine „Voraussage" über den Wahlausgang zu erarbeiten. „Das soll schon vor meiner Zeit (als 1. Sekretär der SED-Bezirksleitung, H. C.) in Berlin bei der Vorbereitung von Wahlen Praxis gewesen sein, sollte ich später erfahren. Der Apparat, in diesem Falle der Staatsapparat, hätte gar nicht eines Anstoßes bedurft. Er verfuhr so, wie es ihm antrainiert war".

Bis in den letzten Winkel des Landes war bekannt, dass Wahlergebnisse manipuliert werden. Nicht umsonst sagte man „Frisiersalons" zu den bunt geschmückten Wahllokalen. Denn wie jede Stimmabgabe in der DDR, so war auch diese Kommunalwahl im Mai 1989 alles andere als frei, geheim und demokratisch. Wer nicht erschien beziehungsweise wer in eine Kabine ging, um dort vermutlich mit „Nein" zu stimmen oder den Wahlzettel ungültig zu machen, wurde namentlich festgestellt und hatte mit Sanktionen zu rechnen. Ein Vorschlag aus der Bevölkerung, das Betreten der Wahlkabine zur Pflicht zu machen, um Verdächtigungen auszuschließen, wurde vom Tisch gewischt. Da verwundert es nicht, dass im sogenannten Wendeherbst 1989 in Ostberlin und anderswo der Ruf nach „Freien Wahlen ohne falsche Zahlen" immer lauter wurde und zusammen mit den Slogans „Wir sind das Volk" und „Keine Gewalt" die herrschende Funktionärsriege das Fürchten lehrte.

Dass trotzdem manche Leute kritische Fragen riskierten, resultierte aus dem Mut der Verzweiflung und bewies angestauten Frust. Sicher wollte auch der eine oder die andere die Behörden unter

Druck setzen und einen Handel, etwa Teilnahme an der Wahl im Tausch gegen eine Wohnung, machen. Manchmal soll der Deal sogar geklappt haben.

Beeinflusst haben die wirklichen Neinstimmen den schamlos frisierten Ausgang der Wahl – 98,85 Prozent Jastimmen bei 98,78 Prozent Beteiligung – nicht. Eine direkte „Gestaltung" der Ergebnisse durch die SED-Spitze konnte später nicht nachgewiesen werden. Unbestritten ist, dass sich die Behörden bereits auf unterer Ebene analog zum Hochschwindeln von ökonomischen Daten und Wettbewerbsergebnissen bei der „Abrechnung" am Wahlabend gegenseitig zu übertreffen suchten und jene Ergebnisse ablieferten, die man „oben" im Zentralkomitee und in der Regierung von ihnen erwarteten.

FREIHEITSGLOCKE FORDERT VERTEIDIGUNG DER MENSCHENWÜRDE

Nach Kriegsende wurde in den USA Geld gesammelt, um dem deutschen Volk und der Viersektorenstadt Berlin eine Freiheitsglocke zu schenken. Noch immer kann man sie im Radio hören.

Nach Beendigung der Blockade Berlins am 29. Juli 1949 rief der amerikanische Militärgouverneur Lucius D. Clay zu einem Kreuzzug für die Freiheit und einer Geldsammlung für das Geläut auf. Der berühmten Liberty Bell in Philadelphia nachgebildet und in England gegossen, ging die Glocke zunächst auf eine Reise durch 26 Bundesstaaten der USA. Auf dieser Tour unterzeichneten 16 Millionen Amerikaner einen Freiheitsschwur, der sich auf die amerikanische Unabhängigkeitserklärung von 1776 bezieht. Dieses Dokument bestimmte, dass alle Menschen gleich erschaffen sind und von ihrem Schöpfer unveräußerliche Rechte erhalten haben, „worunter Leben, Freiheit und das Streben nach Glückseligkeit sind", so die deutsche Übersetzung von damals.

Als die Glocke zum ersten Mal am 24. Oktober 1950 im Turm des Schöneberger Rathauses ertönte, wurde eine bis heute lebendige Tradition begründet. Das Geläut wurde regelmäßig im Sender RIAS, dem nach dem Zweiten Weltkrieg gegründeten Rundfunk im Amerikanischen Sektor, in alle Himmelsrichtungen übertragen, verbunden mit diesem feierlichen Freiheitsschwur: „Ich glaube an die Unantastbarkeit und an die Würde jedes einzelnen Menschen. Ich glaube, dass allen Menschen von Gott das gleiche Recht auf

Freiheit gegeben wurde. Ich verspreche, jedem Angriff auf die Freiheit und der Tyrannei Widerstand zu leisten, wo auch immer sie auftreten mögen".

Die 10 206 Kilogramm schwere Freiheitsglocke zeigt auf ihrem Körper Menschen, die sich freundschaftlich die Hände reichen, und trägt die – übersetzte – Inschrift „Möge diese Welt mit Gottes Hilfe eine Wiedergeburt der Freiheit erleben". Das Deutschlandradio Kultur überträgt in der Tradition des RIAS jeden

Die Freiheitsglocke wurde 1951 in den Turm des Schöneberger Rathauses gehängt

Sonntag kurz vor 12 Uhr das Geläut der Freiheitsglocke sowie jenes feierliche Gelöbnis von 1950. Bei besonderen Gelegenheiten ertönt die Freiheitsglocke auch zu ungewöhnlichen Zeiten. So werden sich Berliner sicher noch an den 3. Oktober 1990 erinnern, als ihr weithin hallender Ton die Feierlichkeiten zur Wiedervereinigung nach 40 Jahren Trennung und Teilung einläutete.

Schöneberg war vor 200 Jahren noch ein bescheidenes Dorf am Rand von Berlin. Doch die verkehrstechnisch günstige Lage gab der Siedlung im 19. Jahrhundert einen gewaltigen Schub, lockte zahlreiche Bewohner an und bewirkte eine umfangreiche Bautätigkeit. Nach einer Statistik von 1871 hatte Schöneberg 4555 Einwohner, dreißig Jahre später waren es schon 100 000, und nach dem Ende des Ersten Weltkriegs zählte man rund 175 000 Einwohner. Der Bauboom machte manche Schöneberger zu „Millionenbauern", wenn sie ihre Felder teuer als Bauland verkauften.

1898 mit dem Stadtrecht versehen, erhielt Schöneberg repräsentative Straßen und Plätze. Da das alte Rathaus den Anforderungen einer modernen Stadtverwaltung nicht mehr genügte, wurde 1891/92 ein weiteres Rathaus errichtet. Doch auch dieses erwies sich bald als zu klein, so dass vor dem Ersten Weltkrieg ein neues, größeres Rathaus gebaut wurde, das weithin mit seinem hohen Glockenturm auf sich aufmerksam macht. Nach Plänen des

Architektenbüros Jürgensen & Sattler zwischen 1911 und 1914 erbaut, ist es einer der wichtigsten Orte, an dem Berliner Nachkriegsgeschichte geschrieben wurde.

Seit 1949 war das im Zweiten Weltkrieg beschädigte und danach etwas vereinfacht wieder aufgebaute Schöneberger Rathaus Amtssitz des Regierenden Bürgermeisters von Berlin (West) sowie Tagungsort des Abgeordnetenhauses. Auf dem Platz vor dem Rathaus fanden große Kundgebungen statt. Unmittelbar nach dem Bau der Mauer forderten aufgebrachte Berliner energische Gegenmaßnahmen der Westmächte. Mehr als 800 000 Menschen kamen vor dem Rathaus zusammen. Der Regierende Bürgermeister Willy Brandt rief zu Ruhe und Besonnenheit auf, warnte aber vor Gleichgültigkeit. Zwei Jahre später erhielt der amerikanische Präsident John. F. Kennedy jubelnden Beifall, als er sich mit den Worten „Ich bin ein Berliner" zum freien Berlin bekannte. Eine andere historische Versammlung dieser Art fand am 10. November 1989 statt, einen Tag nach dem Fall der Mauer (siehe S. 97).

Wer das Schöneberger Rathaus umrundet, sieht viele interessante Gedenktafeln, die an bewegende Kundgebungen erinnern, sowie reichen bildhauerischen Schmuck aus der Erbauungszeit. So sind in die Fassade zahlreiche Reliefs mit Darstellungen von Handwerkern und Gewerbetreibenden eingelassen, die wesentlich zur Erfolgsgeschichte von Schöneberg beigetragen haben. Außerdem verkörpern Steinfiguren bürgerliche Tugenden und erinnern die im Rathaus Schöneberg tagenden Volksvertreter und die dort tätigen Kommunalpolitiker an ihre Pflichten gegenüber der Bevölkerung. Mit einem besonderen Relief wird an den preußischen Reformpolitiker Karl Reichsfreiherr vom und zum Stein erinnert.

Eine aus dem Jahr 1913 stammende Tafel am Schöneberger Rathaus erinnert an Karl vom und zum Stein, der einmal sagte, er habe nur ein Vaterland und das sei Deutschland

GASSENORDNUNG VERLANGTE MEHR REINLICHKEIT

Unrat und Gerümpel auf Berliner Straßen ist keine Erscheinung unserer Tage. Liest man die Chroniken, so wird über rücksichtslose Zeitgenossen geklagt, die Abfälle und Fäkalien vor der Tür entsorgen und sich um den Abtransport einen Dreck scherten.

Der preußische Soldatenkönig Friedrich Wilhelm I. (siehe S. 17) erneuerte 1735 die Berliner Gassenordnung von 1707, weil ihm der Brauch der Bürger, überall in der königlichen Haupt- und Residenzstadt Abfälle und Fäkalien auf die Straße zu kippen, schon lange missfiel. Alten Berichten zufolge stank es an allen Ecken und Enden, und außerdem waren die Gewässer, die die Stadt damals reichlicher als heute durchzogen, alles andere als sauber. Der reinlich veranlagte Herrscher, der sich öfter als damals üblich wusch, verlangte von den Hausbesitzern, dass sie jeden zweiten Tag vor ihren Türen bis zur Straßenmitte kehren. Für den Abtransport des Unflats hatten sie ebenfalls zu sorgen. Es muss einiges zusammengekommen sein, denn viele Berliner hielten Vieh und besaßen Landwirtschaften und Gärten, deren Rückstände sie nun ebenfalls auf eigene Kosten beseitigen sollten.

Aus den Entsorgungsgebühren wurden sogenannte Gassenmeister bezahlt, die die Abfälle an den Rand der Stadt zu transportieren hatten. Wenn heute solche Deponien oder Abfallgruben gefunden und archäologisch untersucht werden, geben sie interessante Informationen über Land und Leute her. Erwähnenswert ist auch die königliche Weisung, den Inhalt von Nachttöpfen künftig nur nachts und auch nur an bestimmten Stellen in die Spree zu kippen. Das war eine gesundheitspolitisch bedeutsame Neuerung, denn eine Kanalisation, wie wir sie heute kennen, gab es damals noch nicht. Da die Berliner offenbar sehr nachlässig waren, wenn es um die Reinlichkeit ihrer Stadt ging, drohte ihnen der König bei Zuwiderhandlungen mit hohen Geldstrafen. Die Hälfte der Einnahmen sollte derjenige bekommen, der Missetäter anzeigt, die andere ging an die Stadtverwaltung. Diese bezahlte aus der Summe „gewisse Weiber", die den heimlich auf die Straßen gekippten Unrat beseitigen mussten. Was nichts anderes bedeutet, als dass die königlichen Befehle nicht oder nur nachlässig befolgt wurden.

Polizeiverordnungen aus der Zeit des Vormärz, also vor der Revolution von 1848, lassen erkennen, dass den Berlinern Hygiene

James Hobrecht entwickelte für Berlin ein Entwässerungssystem, das zum Teil auch heute in Betrieb ist

weniger wichtig war. Zum wiederholten Mal wurde bei Androhung von Geld- und Gefängnisstrafe verboten, Unrat, Schutt und Scherben auf die Wege zu werfen. Ferner war untersagt, vom Land oder von Schiffen Müll in die Spree zu kippen und sich dort sowie in Kanälen und auf Straßen des Inhalts von beweglichen Latrinen und von „Nachteimern" zu entledigen.

Erst in der zweiten Hälfte des 19. Jahrhunderts legte sich Berlin eine Kanalisation zu, denn die Gefahr von Seuchen in der aufblühenden Metropole war zu groß. Entsprechende Pläne wurden von dem Architekten und Ingenieur James Friedrich Ludolph Hobrecht ausgearbeitet, wobei er Erkenntnisse nutzte, die er bei Inspektionsreisen in Hamburg, Paris, London und anderen Städten hinsichtlich der Entwässerung gewonnen hatte. Der nach Hobrecht benannte Entwässerungsplan wurde ab 1873 verwirklicht. Er sah vor, dass die Abwässer der in zwölf Flächen unterteilten Stadt zu Zwischenstationen fließen und von dort ins Umland auf Rieselfelder gepumpt werden. Das Konzept war zu damaliger Zeit effektiv und genügte den Ansprüchen der sich rasant entwickelnden Reichshauptstadt. Es hat sich bewährt, auch wenn heutzutage moderne Entsorgungstechniken angewandt werden. Für den weitsichtigen Baubeamten spricht, dass sich zahlreiche deutsche und ausländische Städte nach Berliner Vorbild eigene Entwässerungssysteme zulegten. In Sorge um die unterirdischen Röhren versuchte Hobrecht übrigens, den Bau von Hoch- und Untergrundbahnen zu verzögern, doch hatte der Stadtbaurat für Straßen und Brückenbau damit ausnahmsweise keinen Erfolg.

GOLDELSE MIT SCHUHGRÖSSE 92

Wer von der Aussichtsplattform der Siegessäule am Großen Stern im Tiergarten das einzigartige Panorama genießen möchte, muss noch etwas warten, denn „Goldelse", wie die Berliner zu dem Kriegerdenkmal sagen, wird derzeit saniert und restauriert.

Anfang 2010 wurde der Zugang zu einem kleinen Ausstellungsraum und zur Wendeltreppe im Inneren der Siegessäule geschlossen, und hinter bunten Plastikplanen begann eine gründliche Verjüngungskur, die 4,3 Millionen Euro kosten soll und im Wesentlichen von der Europäischen Union und dem Bund finanziert wird.

Das Monument erinnert an die preußisch-deutschen Kriege von 1864 gegen Dänemark, 1866 gegen Österreich und 1870/71 gegen Frankreich. Sie ebneten „mit Blut und Eisen", um einen Begriff von Otto von Bismarck zu verwenden, unter preußischer Führung

den Weg zur deutschen Einheit, die am 18. Januar 1871 in Versailles vollzogen wurde. Ursprünglich hatte Preußens König Wilhelm I., der spätere Kaiser, den Bau einer etwas bescheideneren Gedenksäule zur Erinnerung an den Krieg von 1864 befohlen. Doch dann wurde die Siegessäule immer wuchtiger und höher. Sie sollte nach damaligem Verständnis zeigen, „dass Gott die Hohenzollern weit über deren Ziele hinausgeführt hat", wie es in der Urkunde zur Grundsteinlegung am 26. Oktober 1869 heißt.

Am 2. September 1873, dem dritten Jahrestag der Entscheidungsschlacht von Sedan gegen Frankreich, wurde das Denkmal mit der 8,32 Meter hohen Victoria

Die 1873 eingeweihte Siegessäule erinnert an die sogenannten Einigungskriege von 1864, 1866 und 1870/71. Derzeit wird das Monument von den Flügelspitzen bis zum Fundament saniert und restauriert.

auf dem Königsplatz eingeweiht, an dessen Rand man 20 Jahre später das Reichstagsgebäude errichtete. Seit dem Sturz der Monarchie 1918 heißt der prominente Stadtraum Platz der Republik. Die geflügelte Victoria mit der Schuhgröße 92 wurde von dem Bildhauer Friedrich Drake geschaffen. Ihr mit Adlerflügeln geschmückter Helm charakterisiert sie als Borussia, die Personifikation Preußens. Der Stab in der linken Hand trägt an der Spitze einen Kranz mit dem Eisernen Kreuz darin, vergleichbar mit dem Attribut, das die Lenkerin der Quadriga auf dem Brandenburger Tor mit sich führt (siehe S. 116). Die Siegessäule steht auf einer offenen runden Halle aus 16 toskanischen Säulen. An den Außenflächen der Rotunde sind farbige Mosaiken zu erkennen, auf denen der Hofmaler Anton von Werner den „Kampf des freien Germanentums gegen das welsche Romanentum" symbolisiert, wie es in einer älteren Beschreibung heißt. Fürstenbildnisse, Schlachtenszenen, Fahnen, Pauken und Trompeten betreiben einen üppigen Monarchen- und Kriegerkult.

Als das Monument 1938 im Zusammenhang mit der von Hitler und seinem Generalbaumeister Speer geplanten Umgestaltung Berlins zur Welthauptstadt Germania (siehe S. 167) abgebaut und an den Großen Stern versetzt wurde, hat man den Säulenschaft wegen der größeren Dimensionen dieses Raums mitten im Tiergarten um eine Trommel verlängert und das ganze Monument auf einen höheren Unterbau gestellt. Ende des Zweiten Weltkriegs durch Artilleriebeschuss beschädigt, geriet die Siegessäule in Debatten über Sinn und Zweck von Krieger- und politischen Denkmälern. Die alliierten Besatzungsmächte verlangten den Abbruch der Siegessäule, sahen sie doch in ihr ein besonders markantes Zeugnis des preußisch-deutschen Militarismus. Vor allem die Franzosen erblickten in dem Kriegerdenkmal, auf dessen Sockelreliefs unter anderem die Kapitulation der Truppen des französischen Kaisers Napoleon III. dargestellt ist, eine Provokation und verlangten die Sprengung. So stand das Schicksal der Siegessäule auf der Kippe. Im Magistrat fand sich keine Mehrheit, die den Abriss durchgesetzt hätte. Lediglich wurden die als provozierend empfundenen, stark beschädigten Reliefs im Sockelbereich entfernt. Geschaffen von Alexander Calandrelli, Karl Keil, Moritz Schultz und Albert Wolff, erinnern die Bronzeplatten an die Schlachten von Düppel, Königgrätz und Sedan sowie den Einzug der Fürsten und Heerführer durch das Brandenburger Tor 1871 in die kaiserliche Hauptstadt Berlin. Zu erkennen sind

*Die Siegessäule stand bis Mitte der 1930er Jahre vor dem Reichstags-
gebäude. Modell in der Geschichtsausstellung im Deutschen Dom auf
dem Gendarmenmarkt*

Wilhelm I., Otto von Bismarck, Kronprinz Friedrich Wilhelm
(der spätere Kaiser Friedrich III.) und weitere Fürstlichkeiten und
Militärs. Die aus dem Metall eroberter Geschütze gefertigten Reliefs
schildern den Auszug der Soldaten sowie Schlachtenszenen, aber auch
den Empfang der Krieger in der Heimat. Frauen treten dezent nur
als Abschied nehmende beziehungsweise trauernde Mütter,
Ehefrauen, Bräute oder Schwestern der Soldaten sowie als Pfle-
gerinnen von Verwundeten in Erscheinung.

Im Zeichen der deutsch-französischen Versöhnung gab Paris 1984
die als Kriegstrophäen im französischen Kriegsmuseum zwi-
schengelagerten Bronzeplatten dem damaligen Regierenden
Bürgermeister von Westberlin und späteren Bundespräsidenten
Richard von Weizsäcker zurück. In einer Metallwerkstatt restauriert,
wurden die Reliefs wieder in den Sockel eingefügt. Dabei beschränkte
man sich lediglich auf eine Ausbesserung der Einschüsse, verzichtete
aber auf die Rekonstruktion fehlender Details. Bei den aktuellen Res-
taurierungsmaßnahmen werden die Reliefs gereinigt und konser-
viert, nicht aber um die verloren gegangenen Details ergänzt.

Zum Restaurierungsprogramm gehören die Sanierung der aus der
Nazizeit stammenden Torhäuser am Großen Stern und der unterirdischen Gänge, durch die man zur Siegessäule kommt. Erneuert
wird der Museumsraum, in dem Bilder und Dokumente über das
wechselvolle Schicksal der Siegessäule informieren. Dort erfährt
man auch, dass nicht jedem die durch die Love-Parade und 2009
durch eine in alle Welt übertragene Rede des damaligen Prä-
sidentschaftskandidaten und heutigen US-Präsidenten Barack
Obama weltweit bekannt gewordene Siegessäule gefällt, ja dass

sie für manche Zeitgenossen ein regelrechtes Hassobjekt war und ist. So gab es Januar 1991 einen Anschlag auf das Monument, in dem die Attentäter aus dem Kreis der Revolutionären Zellen ein „Symbolobjekt für Nationalismus, Rassismus, Sexismus und Patriarchat" sahen. Da die Bombe nur unvollständig zündete, richtete sie keinen größeren Schaden an.

HAUPTMANN IN SCHLOTTRIGER UNIFORM KAM ZU DENKMALEHREN

Es ist ein Treppenwitz der Geschichte, dass Berlin einem seiner berühmtesten Hochstapler, dem sogenannten Hauptmann von Köpenick, ein Denkmal setzte. Andere Gauner endeten zu anderen Zeiten am Galgen.

Als am 16. Oktober 1906 der mit einer schlottrigen Hauptmannsuniform gekleidete ehemalige Schuster Wilhelm Voigt in Begleitung von ahnungslosen Soldaten das eben erst fertig gestellte Rathaus der damals noch selbstständigen Stadt Köpenick betrat, landete er einen Coup ohnegleichen. Voigt ließ sich vom völlig überrumpelten Bürgermeister Langerhans Geld aushändigen, doch der zweite Teil seiner Aktion, der Raub von Ausweispapieren, gelang nicht. Mit ihnen wollte sich Voigt eine Arbeitserlaubnis verschaffen. Als die Polizei kam, um ihn zu verhaften, hatte sich der Hochstapler schon aus dem Staub gemacht. Auf seine Ergreifung setzten die Behörden 2000 Mark aus, und als der Mann mit schiefer Nase, gebeugter Kopfhaltung und „sogenannten O-Beinen", wie es im Signalement hieß, geschnappt war, stritten sich die Tippgeber um die Belohnung.

Wilhelm Voigt wurde in einem Sensationsprozess, wie man damals sagte, zu vier Jahren Haft verurteilt, doch schon nach zwei Jahren durch einen kaiserlichen Gnadenerweis entlassen. Von nun an war er eine Attraktion auf Rummelplätzen und in Einkaufspassagen. Sein Schicksal rührte die Frauenwelt, und so blieben Heiratsanträge nicht aus.

Als Zuchthäusler hatte Voigt kaum Aussicht, im kaiserlichen Deutschland ein normales Leben führen zu können. Das brachte ihn auf die Idee, sich mittels eines Tricks in den Besitz von Geld und Personalpapieren zu bringen, um sesshaft zu werden und eine Arbeit aufzunehmen. Im Zuchthaus hatte er sich autodidaktisch mit Uniformen und militärischem Reglement vertraut gemacht, die im preußisch-deutschen Heer verbindlich waren, und erkannt, dass der Mensch erst beim Offizier beginnt, ein Thema, das ständig in den Witzblättern und der „linken" Presse präsent war. Der Schauspieler Heinz Rühmann hat 1956 Voigts vergebliche Mühen zur Gründung einer bürgerlichen Existenz in einer Verfilmung des Theaterstücks von Carl Zuckmayer von 1929 auf unnachahmliche Weise dargestellt.

Bei einem Trödler im Holländischen Viertel in Potsdam hatte Voigt eine zerschlissene Haupt-

Der Hauptmann von Köpenick hat auf pikante Weise den preußischen Militarismus und seine Uniformhörigkeit lächerlich gemacht, meint Thomas Theodor Heine 1906 im „Simplicissimus". Den Friedensnobelpreis erhielt er vom norwegischen König natürlich nicht.

mannsuniform vom vornehmen Garderegiment gekauft, dazu einen Säbel und Sporen. Mit dieser Verkleidung hätte er eigentlich auffallen müssen, doch wer wagte es schon, einen Offizier scheel anzublicken und nach seinem Woher und Wohin zu fragen, auch wenn er ziemlich abgerissen daherkam. Unterwegs nach Köpenick sah Voigt einen kleinen Trupp Soldaten. Er ließ sie strammstehen und befahl ihnen mit Hinweis auf eine „allerhöchste Anordnung" Seiner Majestät des Kaisers und Königs, ihm nach Köpenick zu folgen. Ein Uniformträger und dann noch die Erwähnung des obersten Kriegsherren, wer hätte da noch nach der Legitimation gefragt? Niemand nahm Anstoß an dem eigenartigen Aufzug des Offiziers, der so korrekt kommandieren konnte.

Nach der Fahrt mit der Stadtbahn im Köpenicker Rathaus angekommen, ließ sich Voigt vom strammstehenden Bürgermeister die Stadtkasse aushändigen. Doch waren nicht die erhofften zwei Millionen darin, sondern nur rund 4000 Mark, auch ein schöner Batzen Geld. Den Empfang quittierte Voigt mit der Unterschrift „Hauptmann im 1. Garderegiment v. Malsam", um dann schleunigst zu verschwinden. Die begehrten Ausweispapiere zu erbeuten, gelang nicht, sie lagen sicher im Meldeamt. Der düpierte Bürgermeister indes versteckte sich schamvoll vor der lachenden

Öffentlichkeit und behauptete, in dem falschen Hauptmann gleich einen Geisteskranken erkannt und nur deshalb stillgehalten zu haben, um Blutvergießen zu vermeiden.

Der peinliche Vorgang, für den der Begriff Köpenickiade erfunden wurde, enthüllte ein Charakteristikum der Kaiserzeit, in der das Militär über allem stand – den unbedingten Glauben an die Macht der Uniform und strikte Erfüllung von Befehlen eines Vorgesetzten. Deutschland und die Welt hielten sich die Bäuche vor Lachen. Ein Hochstapler hatte auf unnachahmliche Weise den militaristischen Geist der Kaiserzeit entlarvt, und Witzbolde meinten, Voigt müsse für diese Leistung mit dem Friedensnobelpreis ausgezeichnet werden. Da die historische Schlacht von Jena und Auerstedt zwischen Preußen und Frankreich fast auf den Tag genau einhundert Jahre zurücklag, stellte man auch hier satirische Vergleiche an. Ein Möchtegern-Hauptmann mit einer Handvoll Soldaten schafft es, den preußischen Staat vorzuführen, während 1806 das napoleonische Frankreich dafür eine ganze Armee brauchte.

Wilhelm Voigt schlug sich nach seiner Amnestie, von der Polizei misstrauisch beobachtet, mit Auftritten auf Jahrmärkten und Tingeltangel-Tourneen durchs Leben, bei denen er immer wieder von seinem Abenteuer im Rathaus zu Köpenick schwadronierte. Mit Postkarten, die er mit „H. v. K." zu unterzeichnen pflegte, verdiente er ein bisschen Geld. Der Überwachung überdrüssig, siedelte er ins Großherzogtum Luxemburg über, wo er 73-jährig im Jahr 1922, von der deutschen Öffentlichkeit kaum beachtet, starb.

Neunzig Jahre nach dem spektakulären Überfall wurde dem Hauptmann von Köpenick am Ort der Tat ein Denkmal gesetzt. Gestaltet von dem armenischen Bildhauer Spartak Babajan, lädt der auf den Stufen des Rathauses stehende Bron-

Der polizeilich gesuchte Hauptmann von Köpenick war wahrlich nicht das Ebenbild eines schneidigen Gardeoffiziers, Karikatur von Fritz Koch-Gotha

zehauptmann mit schlottriger Uniform die Passanten zum Besuch ein. Bei Volksfesten laufen Imitationen durch Köpenick, und viele, die ihm zujubeln, wissen nicht, dass der Hochstapler eine ziemlich tragische Figur war.

HUMBOLDTS UNIVERSITÄT GEGEN BILDUNGSNOTSTAND

Die Hohenzollern sträubten sich lange, in Berlin eine Universität zu gründen. Aufsässige Studenten in der vom Militär dominierten Haupt- und Residenzstadt waren ihnen ein Graus. Außerdem befürchteten Moralapostel, das „lockere" Klima in der Metropole könne die jungen Leute vom Lernen abhalten.

Die Frage kam auf die Tagesordnung, nachdem Friedrich Wilhelm III. im Ergebnis des Friedensschlusses in Tilsit im Sommer 1807 die Hälfte seines Landes und seiner Untertanen verloren hatte. Jetzt standen mehrere Landesuniversitäten, darunter die in Duisburg und Halle, nicht mehr zur Verfügung, während die Kapazitäten der Universitäten in Frankfurt an der Oder und Königsberg für den akademischen Nachwuchs nicht ausreichten. Als sich Professoren der zum neu gegründeten Königreich Westphalen gehörenden Universität Halle an den König mit der Bitte wandten, er möge ihre Universität „über die Elbe nehmen, wo kein Ort dafür schicklicher scheine als Berlin", antwortete dieser mit einem klassischen Satz: „Das ist recht, das ist brav! Der Staat muss durch geistige Kräfte ersetzen, was er an physischen verloren hat". Damit gab der sonst zögerliche Preußenkönig den Weg frei für die Gründung der Alma mater berolinensis. Das gegen einen gravierenden Bildungsnotstand gerichtete Berliner Universitätsprojekt wurde von preußischen Reformpolitikern sowie namhaften Gelehrten wie Fichte, Hufeland und Schleiermacher unterstützt.

Wilhelm von Humboldt trieb die geistige Erneuerung Preußens voran und konnte mit anderen Reformpolitikern den König davon überzeugen, in Berlin eine Universität neuen Typus zu stiften

Wichtigster Kopf der Gruppe war Wilhelm von Humboldt, der sich als Direktor für Cultus und Unterricht im preußischen Innenministerium intensiv für die Verbesserung des Bildungswesens in der Hohenzollernmonarchie und insbesondere für die Einrichtung humanistischer Gymnasien einsetzte. Dem Sprachforscher, Politiker und Diplomaten schwebte ein Institut vor, das die anderen Universitäten in Deutschland durch neuartige Bildungsangebote und eine großartige Professorenschaft überstrahlt. Die zu gründende Alma mater sollte frei von traditionellen Hemmnissen sein, die die im späten Mittelalter und der frühen Neuzeit gegründeten Universitäten mit sich herumschleppten. In dieser „Universitas litterarum" wollte Humboldt die Einheit von Lehre und Forschung verwirklichen und eine allseitige humanistische Ausbildung ermöglichen. Nicht mehr die Theologie sollte tonangebend sein, sondern die klassische Philologie sowie Ästhetik, Literatur und Archäologie, ergänzt durch Medizin, Mathematik, Landwirtschaft, Physik, Chemie, Astronomie und andere Fächer. Wissenschaft sollte nicht mehr staubtrocken und abgehoben vom Katheder gelehrt, sondern in Seminaren und Forschungslaboratorien erprobt und erlebt werden. Außerdem sollten die Studenten keine folgsamen Zöglinge und Zuhörer mehr sein, sondern freie Menschen, die ihre Talente entfalten können.

Wilhelm von Humboldt trug seine vom Geist der Aufklärung, aber auch von Sorge um die weitere Entwicklung Preußens geprägten

Der 1810 eröffneten Berliner Universität hat Friedrich Wilhelm III. das Palais seines Großonkels, Prinz Heinrich von Preußen, zugewiesen

Die Humboldt-Universität feierte 2010 ihr zweihundertjähriges Bestehen. Wie schon 1810 ist das ehemalige Prinz-Heinrich-Palais Hauptsitz der Alma mater.

Vorstellungen dem König am 24. Juli 1809 in einer Denkschrift vor und bat ihn, die Errichtung einer Universität in Berlin und die Verbindung der dort schon existierenden wissenschaftlichen Institute und Sammlungen mit der neuen Alma mater zu beschließen. Die Berliner Universität sollte so viele Domänen wie nötig und ein sicheres Einkommen von 150 000 Reichstalern erhalten. Als Sitz schlug der Politiker das Unter den Linden in Berlin stehende Palais des 1802 verstorbenen Prinzen Heinrich von Preußen vor, eines jüngeren Bruders Friedrichs des Großen. Der König wurde gebeten, Güter und Gebäude „auf ewige Zeiten hinaus" der Universität zu übergeben. In der Stiftungsurkunde verfügte Friedrich Wilhelm III. „die Einrichtung einer solchen allgemeinen Lehranstalt mit dem alten hergebrachten Namen einer Universität, und mit dem Rechte zur Erteilung akademischer Würden". Die neue Universität, die Akademien der Wissenschaften und der Künste sowie sämtliche wissenschaftlichen Institute und Sammlungen in Berlin sollten ihre Selbstständigkeit behalten. Ihnen wurde aber aufgetragen, gemeinschaftlich zum allgemeinen Zweck zusammenzuwirken.

Humboldts Universitätskonzept erwies sich ungeachtet mancher Widerstände und Rückschläge als erfolgreich. Es verbreitete sich weltweit und ließ in den folgenden anderthalb Jahrhunderten ähnlich ausgerichtete Universitäten entstehen. So wurde die Berliner Alma mater die „Mutter aller Universitäten". Das erste Studienjahr 1810 begann mit 256 Studenten und 52 Lehrenden, doch schon bald stiegen diese Zahlen an. Dass man in Berlin gut studieren kann und ein erfolgreicher Abschluss Ansehen besitzt, sprach sich schnell herum. Zum hervorragenden Ruf der neuen Universität trugen Professoren wie Georg Friedrich Wilhelm Hegel (Philosophie), Karl Friedrich von Savigny (Jura), August Boeckh (Klassische Philologie), Christoph Wilhelm Hufeland (Medizin) und Albrecht Daniel Thaer (Landwirtschaft) bei. Gegliedert war die Berliner Universität in die vier klassischen Fakultäten Jura, Medizin, Philosophie und Theologie. Doch schon bald wurde das Ausbildungsprofil den Bedürfnissen der Zeit entsprechend erweitert. So entwickelte sich die Alma mater zur Wegbereiterin neuer Natur- und gesellschaftswissenschaftlicher Disziplinen.

Bei den Feierlichkeiten zum zweihundertjährigen Bestehen der Berliner Alma mater, die ursprünglich nach ihrem Stifter Friedrich-Wilhelms-Universität hieß und nach dem Zweiten Weltkrieg den Namen der Brüder Wilhelm und Alexander von Humboldt erhielt, wurde nicht die Unterdrückung des Geistes nach den Befreiungskriegen von 1813 bis 1815 und in späteren Perioden ausgespart. Auf der einen Seite verzeichnete die Bildungs- und Forschungsstätte einen rasanten Aufstieg, auf der anderen aber gab es negative Entwicklungen und Rückschritte. Erinnert sei an nationalistische und antisemitische Fehltritte nach der Reichsgründung von 1871 und an die nationalsozialistische Bücherverbrennung vom 10. Mai 1933 (siehe S. 33), die Ausgrenzung und Verfolgung von jüdischen Professoren und Studierenden während des Nazi-Regimes und an schreckliche Experimente an Menschen durch Nazi-Ärzte in der Charité. Auch nach dem Zweiten Weltkrieg waren Lehre und Forschung nicht frei, weshalb sich Professoren und Studenten der Knebelung durch das SED-Regime entzogen und 1948 die Freie Universität im Westteil der Viermächtestadt Berlin gründeten.

ICH HAB SO HEIMWEH NACH DEM KURFÜRSTENDAMM

Dass der Kurfürstendamm eine der ältesten Straßen der Stadt ist, sieht man ihm nicht an. Angelegt in nachmittelalterlicher Zeit als Weg zwischen Berlin-Cölln, dem Tiergarten und dem Jagdschloss Grunewald, entwickelte sich der Kudamm, wie die Berliner sagen, im 19. Jahrhundert zu einer exzellenten Wohn- und Geschäftsadresse.

Die repräsentative Bebauung der berühmten Bummel- und Flaniermeile stammt aus der Gründerzeit nach 1871, als der Berliner Westen zum bevorzugten Wohn- und Einkaufsgebiet besser verdienender, ja reicher Bürger wurde, kenntlich an üppig dekorierten Hausfassaden, kostbar ausgestatteten Eingängen und riesigen Wohnungen mit Hinteraufgängen für Dienstboten. Zuvor war der Churfürsten-Damm, so der Straßenname im frühen 19. Jahrhundert, sandig und ohne bedeutende Randbebauung.

Berühmt wurde die Straße durch das von Hil-

Von der Kaiser-Wilhelm-Gedächtniskirche auf dem heutigen Breitscheidplatz blieb nur ein Torso übrig, ergänzt durch Anbauten aus der Nachkriegszeit

degard Knef gesungene Lied „Ich hab so Heimweh nach dem Kurfürstendamm, ich hab so Sehnsucht nach meinem Berlin" und die beiden Klatschtanten vom Kabarett „Die Insulaner", die sich nach dem Zweiten Weltkrieg zur allgemeinen Gaudi „mitten auf dem Kurfürstendamm" trafen, um über Politiker, Stars und Sternchen herzuziehen. In dem durch sie bekannt gewordenen Lied besang die Knef, was Berlin von anderen Städten unterscheidet so: „Und seh ich auch in Frankfurt, München, Hamburg oder Wien / Die Leute sich bemühn, Berlin bleibt doch Berlin [...]. Hätt ich auch wo 'ne Wohnung, und wär sie noch so neu, / Ich bleib Berlin, meiner alten Liebe treu".

Was hier gelobt wurde, war nur noch ein Abglanz dessen, was der Kurfürstendamm einmal war – edle Wohnadresse und teure Einkaufsmeile, besetzt durch Theater und Cafés, Kabaretts und Kinos, Hotels und Amüsieretablissements für zahlungskräftige Besucher. Nach dem Zweiten Weltkrieg büßte die elegante Flaniermeile an

Glanz und Attraktion ein, war aber im „alten" Westberlin eine angesagte Adresse, weil es nichts anderes gab. Das änderte sich nach dem Fall der Mauer und der Wiedervereinigung, als Besucher aus aller Herren Länder den langsam aufblühenden, zudem mit wichtigen historischen Bauten besetzten Ostteil der Stadt entdeckten und eroberten. So zieht es sie heute mehr in den Prenzlauer Berg und in den Friedrichshain, ins Nikolaiviertel und ins Scheunenviertel sowie in andere „In"-Viertel als zum Kurfürstendamm. Dessen Anrainer versuchen mit allen Mitteln, das Image der Straße aufzupolieren und bemühen dazu auch jenes aus der Nachkriegszeit stammende Lied von Hildegard Knef. Dem steht entgegen, dass der Bahnhof Zoologischer Garten vor ein paar Jahren seinen Status als wichtiger Fernbahnhof eingebüßt hat. Das erschwert die schnelle und bequeme Erreichbarkeit der Gegend um die Kaiser-Wilhelm-Gedächtniskirche und mindert die Attraktivität dieses legendären Stadtraums.

Fragt man Flaneure auf dem Kurfürstendamm und nicht nur dort, was denn Kurfürsten seien, so fallen die Antworten oft dürftig aus. Sieben deutsche Reichsfürsten, und zwar vier geistliche und drei weltliche, erhielten vor über 650 Jahren das Recht, den römisch-deutschen Kaiser zu küren, also zu wählen. Der Markgraf von Brandenburg, seines Zeichens Erzkämmerer und Kurfürst des Heiligen Römischen Reiches Deutscher Nation, gehörte zu diesem exklusiven Wahlmännerklub. Als die brandenburgischen Kurfürsten den preußischen Königstitel trugen, wählten sie weiterhin den römisch-deutschen Kaiser. Erst als Franz II. 1806 die Reichskrone niederlegte und sich als Kaiser von Österreich Franz I. nannte, erlosch auch das kurfürstliche Amt.

Auf den Kurfürstendamm laufen nach brandenburgischen Herrschern benannte Straßen zu, von denen wir einige erwähnen wollen. Um die Kurfürsten unterscheiden, aber auch ein wenig charakterisieren zu können, erhielten sie zum Teil recht merkwürdige Beinamen. So nannte man den zweiten Ver-

Das kurfürstlich-brandenburgische und königlich-preußische Wappen schmückt den im Zweiten Weltkrieg stark beschädigten Sarg Friedrich Wilhelms II. in der Berliner Domgruft

An die Kurfürsten Friedrich I. Eisenzahn und Albrecht Achilles erinnern zwei Straße, die auf den Kurfürstendamm in Berlin zulaufen

treter des Hauses Hohenzollern auf dem brandenburgischen Thron, Kurfürst Friedrich II., den Eisernen oder Eisenzahn. Nach ihm ist seit 1892 die Eisenzahnstraße benannt, die direkt auf den Kurfürstendamm führt. Seinen Beinamen erhielt Friedrich II. Eisenzahn, der Kurbrandenburg von 1440 bis 1470 regierte, aufgrund seiner harten, man möchte sagen eisernen Politik gegenüber dem aufsässigen Adel in der Provinz sowie der Berliner Bürgerschaft. Kurfürst Eisenzahn, wie man ihn kurz nannte, wollte partout in seiner Hauptstadt Berlin-Cölln ein Schloss, besser gesagt eine Zwingburg, quasi als Keil zwischen beiden Teilstädten errichten. Sie sollte landesherrliche Macht demonstrieren und den Bürgern zeigen, wer in Kurbrandenburg und in Berlin das Sagen hat. Dagegen regte sich 1448 im Berliner Unwillen Widerstand, der mit Waffengewalt niedergeschlagen wurde. Die Berliner wurden zu Gehorsam gebracht, und bis zur Revolution von 1848, die zufällig genau 400 Jahre später ausbrach, hat keiner mehr gewagt, seine Hand gegen die mächtigen Hohenzollern zu erheben.

Der Kurfürst suchte indes den Ausgleich mit den Berlinern, die sich gegen ihn erhoben hatten und sich langsam damit abfanden, gegen das ihnen vor die Nase gesetzte Schloss nicht angehen zu können. Alt, krank und wohl auch depressiv geworden, legte Eisenzahn 1470 das Zepter aus der Hand und dankte ab, um sich mit einer stattlichen Rente auf die fränkische Plassenburg zurückzuziehen, wo er schon ein Jahr später starb. Die Regierungsgewalt übernahm sein Bruder Albrecht, genannt Achilles.

Die nach ihm benannte Albrecht-Achilles-Straße in Wilmers-
dorf erinnert an den dritten Kurfürsten aus dem Haus Hohenzollern. Albrecht III. Achilles regierte das Land von 1470 bis 1486
und ist nach einem Helden der griechischen Sage benannt. Er verdankt den Beinamen seiner glänzenden Erscheinung und seiner
Erfolge als Militärbefehlshaber und ritterlicher Streiter, wohl aber
auch seiner Redegewandtheit, Schlagfertigkeit und politischen
Weitsicht. Er war einer der sieben bedeutendsten Fürsten im römisch-deutschen Reich, zumindest was seine Funktion bei der
Wahl eines neuen Reichsoberhaupts betraf. Ansonsten herrschte
er über ein Land, das man als „märkische Streusandbüchse" verspottete, denn hier gab es nur kleine Städte, eine geringe Landwirtschaft, keine Bodenschätze, dafür aber viel Sand, Wald und
Sümpfe. Historische Bedeutung erhielt die 1473 von Albrecht
Achilles erlassene „Dispositio Achillea", ein Dokument, das die
Erbfolge in der Hohenzollerndynastie regelte. Es bestimmte, dass
das Land beim Tod des jeweiligen Markgrafen und Kurfürsten
unter dessen Söhnen nicht aufgeteilt, verkauft oder verpfändet
werden darf. Kurbrandenburg sollte stets an den Erstgeborenen
im Hause Hohenzollern fallen. In den folgenden Jahrhunderten
wurden Versuche, das Land unter nachgeborenen Prinzen auf-
zuteilen, mit Hinweis auf dieses Hausgesetz erfolgreich abge-
wehrt. Albrecht Achilles, der sich wenig in Kurbrandenburg und
in Berlin aufhielt, sondern wie die Vorgänger seine Zeit mehr in
der fränkischen Heimat der Hohenzollern verbrachte, regierte
Brandenburg mit Hilfe von Statthaltern und schaffte es, die ver-
worrenen Verhältnisse dort in Ordnung zu bringen. Er war ein
typischer Renaissanceherrscher – vielseitig gebildet, prachtliebend
und in der Wahl seiner Mittel und Freunde ohne Skrupel. Mit

*Das von dem Nürnberger Bildgießer Peter Vischer geschaffene Grabmal
des Kurfürsten Johann Cicero gehört zu den besonderen Kostbarkeiten
im Berliner Dom*

List und Gewalt verstand er es, seine Stimme in der deutschen Reichsfürstenriege zu Gehör zu bringen.

Mit seinem Sohn Johann Cicero lag Albrecht Achilles im Streit. Er warf seinem Statthalter in Brandenburg Verschwendungssucht vor und forderte ihn auf, er möge Mehrer und nicht Minderer des Reiches sein. Wie die Albrecht-Achilles-Straße, so erinnert auch die Johann-Cicero-Straße an einen brandenburgischen Kurfürsten der frühen Neuzeit. Der Name des berühmten römischen Staatsmanns, Redners und Schriftstellers wurde dem Kurfürsten Johann angehängt, der Brandenburg von 1486 bis 1499 regierte. Dieser Johann Cicero wird von den Historikern als ein Mann geschildert, dessen ganzes Trachten auf die innere Festigung seines von Rebellionen erschütterten Landes gerichtet war. Zwar gelang es ihm, die Unabhängigkeit vieler Bauern zu brechen und eine Biersteuer durchzusetzen. Die von ihm seit 1493 vorbereitete Gründung der Universität in Frankfurt an der Oder aber konnte er nicht vollenden. Erst unter seinem Sohn Joachim I. Nestor, nach dem die Nestorstraße benannt ist, gelang das ehrgeizige Vorhaben. Die 1506 gegründete Oder-Universität wurde 1810 im Zusammenhang mit der Schaffung der beiden neuen preußischen Universitäten in Berlin (siehe S. 63) und Breslau aufgelöst und erst 1992 unter dem alten lateinischen Namen Alma mater Viadrina (etwa: Oder-Universität) zu neuem Leben erweckt.

Johann Cicero, dessen Straße vom Hohenzollerndamm zum Lehniner Platz führt, wird als Friedensfürst geschildert, als ein Monarch, dem an äußerem Glanz wenig gelegen war. Da er von großer Statur war, nannten ihn Zeitgenossen auch Johannes Magnus, Johann den Großen. Doch suggeriert dieser Ehrentitel, dass es sich um eine bedeutende, weit in die eigene und in spätere Zeiten wirkende Persönlichkeit handelt. Der auf den römischen Redner Cicero bezogene Beiname entstammt einem gelehrten Irrtum, der Philipp Melanchthon, einem der engsten Vertrauten des Reformators Martin Luther, unterlief. Dass Johann Cicero, der sich im Unterschied zu seinen Vorgängern oft und gern in Kurbrandenburg aufhielt, ein großer Redner war, wird von Historikern angezweifelt. Nach seinem Tod anno 1499 mit erst 43 Jahren, wurde der Kurfürst im Kloster Lehnin bestattet. Sein von dem berühmten Nürnberger Bildgießer Peter Vischer geschaffenes Grabmal gehört zu den kostbarsten Bildwerken des Doms am Berliner Lustgarten. Auf der bronzenen Deckplatte ist der Herrscher in seiner Amtstracht und mit dem aus Hermelinfell bestehenden Kurfürstenhut dargestellt. Dass er Kämmerer des Heiligen Römischen Reiches Deutscher Nation war, deutet das Zepter in seiner rechten Hand an.

Die Joachim-Friedrich-Straße verbindet die Westfälische Straße und die Gervinusstraße, wobei sie den Kurfürstendamm überquert. Ihr Name weist auf einen brandenburgischen Kurfürsten hin, der 1607 das berühmte Joachimsthalsche Gymnasium im uckermärkischen Joachimsthal gestiftet hat. Der wegen seines friedfertigen Charakters, seiner Klugheit und Weitsicht gerühmte Joachim Friedrich regierte Kurbrandenburg von 1598 bis 1608. Gleich nach seiner Thronbesteigung setzte er eine Bestimmung im Testament seines Vaters Johann Georg außer Kraft, wonach das Land unter den Söhnen aufgeteilt werden soll. Solche Landesteilungen waren nach der „Goldenen Bulle", dem berühmten Reichsgesetz Kaiser Karls IV. von 1365, für alle weltlichen Kurfürsten nicht erlaubt, weil dies deren Macht und Stellung als kaiserliche Wahlmänner geschwächt hätte. Joachim Friedrich konnte sich in seiner ablehnenden Haltung auf die brandenburgischen Stände stützen, die die Einheit des Staates unterstützten und allen Partikularinteressen eine Absage erteilten. Die Brüder des Kurfürsten gingen nicht leer aus und wurden mit den fränkischen Fürstentümern Ansbach und Bayreuth abgefunden.

Joachim Friedrichs Initiative ist es zu verdanken, dass eine Art Regierung, der sogenannte Geheime Rat, als wichtige Vorstufe moderner Staatsverwaltung gebildet wurde. Allerdings prallten in dem Gremium die Interessen hart aufeinander, was seine praktische Arbeit behinderte. Und außerdem waren die Räte nicht immer da, wenn sie gebraucht wur-

Kurfürst Joachim Friedrich ging als friedlicher, reformfreudiger Herrscher und als Gründer des renommierten Joachimsthalschen Gymnasiums in die Geschichte ein

den. Dies gab dem Kanzler als Vorsitzenden des Geheimen Rats Gelegenheit, mit dem Kurfürsten ohne Einengung und Kontrolle die Regierungsgeschäfte zu erledigen. Ganz unvermutet erkrankte der Namensgeber der Joachim-Friedrich-Straße am 28. Juli 1608 während einer Besichtigungstour, die ihn zu Kanalarbeiten in der Gegend um das heutige Finowfurt führte. Er starb auf dem Weg nach Berlin und wurde feierlich im Dom seiner Haupt- und Residenzstadt bestattet.

Auf dem Hohenzollernplatz in Charlottenburg erinnert eine Stele an die aus der Familie Oranien stammende Kurfürstin Luise Henriette, die erste Gemahlin des Großen Kurfürsten Friedrich Wilhelm

Der Henriettenplatz, stadtauswärts an der Spitze des Kurfürstendamms gelegen, erhielt 1892 seinen an die brandenburgische Kurfürstin Luise Henriette von Brandenburg erinnernden Namen. 1627 als Prinzessin von Oranien geboren, heiratete sie 1646 den Großen Kurfürsten Friedrich Wilhelm. Dieser schenkte ihr bald darauf die Herrschaft Bötzow nördlich von Berlin, die 1650 in Oranienburg umbenannt wurde und ein prächtiges, heute als Museum genutztes Schloss erhielt. Das davor stehende Denkmal aus dem Jahr 1850 trägt die Inschrift „Der hohen Wiederbegründerin dieser Stadt: LUISE HENRIETTE Churfürstin von Brandenburg geb. Prinzessin v. Oranien zum dauernden Gedächtnis die dankbare Bürgerschaft Oranienburgs 1858.“

Der Wilmersdorfer Henriettenplatz ist eine Hommage an eine fromme Landesmutter, die sich um die Kultivierung ihrer neuen Heimat sorgte und aus Oranienburg eine Art „Holland im Kleinen" machte. Unter ihrem Einfluss siedelte der Kurfürst nach dem Dreißigjährigen Krieg auf dem platten Land zahlreiche niederländische Bauern und Handwerker an und stattete sie mit vielfältigen Privilegien aus. Gutsbesitzer wurden ermuntert, den Neuankömmlingen attraktive Entwicklungsmöglichkeiten zu geben und ihnen Land zu übereignen. Niederländische Kanalbauer legten Feuchtgebiete trocken, und noch heute kann man in der

Nähe von Oranienburg schnurgerade Wasserstraßen aus jener Zeit bestaunen. Das von einem Graben umgebene Schloss, der erste Prunkbau dieser Art in der Mark Brandenburg nach dem bis dahin schlimmsten aller Kriege, wurde von Blumen und Bäumen eingefasst, und auch der Gemüse-, Hopfen- und Obstanbau erlebte in Oranienburg, aber auch in Berlin und Potsdam einen bis dahin ungekannten Aufschwung. Prächtig wurde der barocke Schlossgarten mit Figuren, Brunnen, Grotten und Bögen ausgestattet. Luise Henriette sammelte asiatisches Porzellan, und noch heute kann man im Oranienburger Schloss das Porzellankabinett bestaunen, allerdings nicht mehr mit jenen blau bemalten Kostbarkeiten aus dem 17. Jahrhundert, sondern mit anderer Chinaware. Mit erst 40 Jahren starb Luise Henriette im Jahr 1667 viel zu früh. Ihr Sohn folgte als Friedrich III. 1688 seinem Vater Friedrich Wilhelm und bestieg 1701 als Friedrich I. den preußischen Königsthron.

INFLATION MACHTE BETTLER ZU MILLIARDÄREN

Zu den Folgen des Ersten Weltkriegs gehörte eine galoppierende Geldentwertung, die 1923 selbst Bettler zu Milliardären machte. Unkontrolliert wurden Geldscheine vom Staat, von Banken, Fabriken und anderen Institutionen herausgegeben. Ins Unendliche stiegen Geldumlauf und Preise, während die Gehälter, Löhne und Renten weit abgeschlagen hinterherhinkten und sich Verzweiflung und Wut breitmachten.

Wer zu Beginn der Geldentwertung glaubte, durch Verkauf von Sachwerten oder Immobilien schnell reich zu werden, hatte am Ende nur noch einen Haufen wertlosen Papiers in der Hand. Der Schriftsteller Stefan Zweig nannte die Inflation rückblickend einen „Hexensabbat der phantastischen Irrsinnszahlen" und stellte fest, nichts habe das deutsche Volk „so erbittert, so hasswütig, so hitlerreif gemacht wie die Inflation". In der Tat hat die mit der Inflation verbundene Verelendung und das Unvermögen des Staates, mit wirtschaftlichen Problemen fertigzuwerden, die Radikalisierung vorangetrieben. Zehn Jahre später, am 30. Januar 1933, war Adolf Hitler an der Macht.

Für die Inflation, also die Aufblähung oder Anschwellung bei der Ausgabe von Zahlungsmitteln, im und nach dem Ersten Weltkrieg gibt es viele Erklärungen – erst schleichende, kriegsbedingte

Preiserhöhungen bei gleichzeitiger Verknappung des Warenangebots, dann die ungesteuerte Freigabe von Preisen und Löhnen. Stark ins Gewicht fielen die Zahlungen und Reparationsleistungen des im Ersten Weltkrieg unterlegenen Deutschen Reiches an die Siegermächte aufgrund des Versailler Friedensvertrags von 1919. Wertmaßstab war in der Inflationszeit der amerikanische Dollar. Wer ihn oder vergleichbare Devisen besaß und sogar durch mehr oder weniger

Mit dem, was die Notenpressen während der Inflationszeit produzierten, konnte man kleine Berge aus Geldscheinbündeln stapeln

legale Geschäfte noch vermehren konnte, war ein gemachter Mann. Entsprach 1914, zu Kriegsbeginn, ein US-Dollar 4,20 Mark, so wurde er im August 1923 schon mit 4,62 Millionen Mark und im November 1923, auf dem Höhepunkt der Inflation, mit 4,20 Billionen Mark berechnet.

Wie rasant sich die Preise entwickelten, mögen einige Angaben aus dem Jahr 1923 erhellen. Am 3. Januar kostete ein Kilogramm Roggenbrot 163 Mark, am 1. September 9,4 Millionen und am 19. November, auf dem Höhepunkt der Inflation, 233 Milliarden Mark. Für ein Kilogramm Rindfleisch musste man an den gleichen Stichtagen 1800, 80 Millionen und 4 Billionen 800 Milliarden Mark bezahlen, und für einen Zentner Briketts wurden zu Jahresbeginn 1865 Mark, am 1. September 82,4 Millionen und am 19. November 1 Billion 372 Milliarden Mark verlangt. Nie galt das Motto „Zeit ist Geld" so sehr wie in jenem schrecklichen Inflationsjahr 1923. Der Lohn, den man heute bekam, war morgen schon wertlos. Arbeitnehmer, Rentner, Ladeninhaber und andere Leute mussten sich beeilen, die Geldberge auszugeben, bevor sie ganz wertlos waren.

In der Kaiserzeit war der Begriff Inflation so gut wie unbekannt. Man hatte stabile Preise für Waren und Dienstleistungen. Leute,

„Wenn ick dir Joldjunge nenne, musste mir aber nich mit Papiermark kommen", Zeichnung von Heinrich Zille im „Simplicissimus" vom 12. November 1923, als die Inflation ihren Höhepunkt erreichte

die für ihr Alter ein kleines Vermögen angespart hatten, verloren es bald nach dem Krieg, Betriebskapitalien wurden fast über Nacht aufgefressen, zahlreiche Unternehmen gingen bankrott. Millionen Menschen, auch solche aus dem Mittelstand sowie Rentner und Pensionäre, mussten sich in die lange Schlange der Sozialhilfeempfänger einreihen, waren zum Verkauf von Wertgegenständen gezwungen. Während ein Großteil der Deutschen unter schlimmer Existenzangst litt, amüsierten sich Schieber und Inflationsgewinner in Schlemmerlokalen und Tanzpalästen. Die Wut über sie war groß und wurde geschickt von rechtsradikalen Kräften, zu denen die von Hitler geführte NSDAP gehörte, auf Juden, Ausländer, Bolschewisten und andere Staatsfeinde und Wirtschaftsverbrecher, wie man sagte, gelenkt. Doch auch die äußerste Linke in Gestalt der KPD schlug mit Hassparolen gegen den „kapitalistischen Ausbeuterstaat" politisches Kapital aus der Misere.

Wer Arbeit hatte, dessen Lohn oder Gehalt wurde irgendwie der Inflation angepasst. Rentner und Pensionäre hingegen wussten nicht, wie sie den nächsten Tag überleben sollten. Sprunghaft stieg die Zahl der Selbstmorde an. In ihrer Verzweiflung stürmten hungernde Berliner Bäckereien, und es wurden Felder außerhalb der Stadt geplündert. Bauern verteidigten ihren Besitz und hielten die Erträge zurück, weil sie mit dem wertlosen Geld nichts anfangen konnten. Es soll sogar zu Schießereien mit Todesopfern gekommen sein. Dazu kamen Streiks, Sabotageakte und politische Morde. Am 9. November 1923, fünf Jahre nach dem Sturz der Monarchie, fand in München der Hitler-Putsch statt, der als Signal für eine „nationale Revolution" mit dem Ziel der Übernahme der Regierungsgewalt in Berlin gedacht war. Die Putschisten kamen nicht weit und wurden milde bestraft, Adolf Hitler schrieb in seiner Haftzeit sein Buch „Mein Kampf".

Mit der Gründung der Deutschen Rentenbank am 16. Oktober 1923 und der Einführung der Rentenmark einen Monat später wurde dem Spuk ein Ende bereitet. Zur Schaffung einer neuen, stabilen Währung wurden Industriebetriebe und der landwirtschaftliche Grundbesitz mit Rentenbankbriefen belastet. Dadurch erhielt die neue Rentenbank ein Kapital von 32 Milliarden Rentenmark, von denen nur 24 Milliarden Rentenmark in Form eiligst gedruckter Noten gegen das alte Inflationsgeld umgetauscht wurden. Eine Rentenmark entsprach einer Billion Papiermark. Mit der Einführung der Rentenmark, die am 30. August 1924 durch die Reichsmark abgelöst wurde, begann eine leider nur kurze Phase relativer Stabilität, die als „Goldene Zwanziger" in die Geschichte eingingen.

KAFFEESCHNÜFFLER UND ERICHS KRÖNUNG

Berlin hatte im 18. Jahrhundert, was den Genuss von Kaffee betrifft, einigen Nachholbedarf. Andere Städte besaßen bereits um 1700 Kaffeehäuser, als man im Reich der Hohenzollern vor dem exotischen Trank noch zurückscheute und ihn die Geistlichkeit sogar als Teufelszeug geißelte.

Als der Soldatenkönig Friedrich Wilhelm I. anno 1728 in der Erwartung von neuen Steuereinnahmen im Lustgarten die Einrichtung eines Kaffeehauses gestattete, war kein Halten mehr. Allerdings durften nur Offiziere und Edelleute das Café royale betreten, einfache Bürger hätten die horrenden Preise ohnehin nicht aufbringen können. Da nur ein Bruchteil des in der preußischen Hauptstadt konsumierten Getränks legal eingeführt und verzollt wurde und der Staatshaushalt immer neue Steuergelder benötigte, schickte Friedrich der Große 400 ausgemusterte Soldaten als Kaffeeschnüffler aus. Gnadenlos verhängte man hohe Strafen, wo immer selbst gebrannte Bohnen entdeckt wurden und keine Quittungen über bezahlte Akzise vorgewiesen werden konnten. Eine „Königl. Allergnädigste Verordnung" bestimmte: „Es ist allen und jeden, welche nicht die Erlaubniß haben, Caffé zu brennen, verbothen, weder in ihren Häusern, noch irgend anderswo ungebrannten Caffé zu führen, auch keinen andern gebrannten, als denjenigen von der General-

Niederlage in versiegelten und gestempelten Paqueten, bey Strafe Zehn Reichs Thaler für jedes Pfund, zu haben". Ausgenommen von dem Verbot waren Adlige, Beamte, Offiziere und Geistliche.

In Kaffeehäusern sitzen und gesehen zu werden, war in Kreisen, die sich das leisten konnten, ein besonderes Vergnügen. Berühmt waren im 19. Jahrhundert luxuriös ausgestattete Cafés Unter den Linden. Sie boten auch in- und ausländische Zeitungen, womit Kaffeetrinken, Unterhaltung und Bildung auf das Beste verbunden wurden. Da die Preise für die Tasse oder die Kanne anfangs sehr hoch waren, verdünnten geschäftstüchtige Cafétiers gelegentlich auch mal ihren braunen Trunk oder streckten das Kaffeepulver mit anderen Substanzen. Da das Brühen von Kaffee nur konzessionierten Wirten gestattet war, kam ein pfiffiger Treptower auf die Idee, Ausflüglern für ein paar Pfennige heißes Wasser und Geschirr zur Verfügung zu stellen. So wurde die Vorschrift gewahrt, und alle waren zufrieden. Der Werbespruch „Der alte Brauch wird nicht gebrochen / hier können Familien Kaffee kochen" wurde berühmt.

Die Versorgung mit der echten Bohne schwankte immer, und wenn es in Kriegs- sowie Vor- und Nachkriegszeiten keine gab, half man sich mit Muckefuck, einem Ersatzkaffee aus gerösteter Gerste mit aromatischen Zusätzen, dessen Name vom französischen Begriff „mocca faux" (falscher Mokka) abgeleitet wurde.

Kaffeetrinken war im alten Berlin eine noble und teure Passion und wurde gern in edlen Konditoreien zelebriert. Wer dafür das Geld nicht hatte, verlustierte sich in der warmen Jahreszeit in Kaffeegärten.

Mit Kaffee Mix haben Erich Honecker und seine Genossen ihren Untertanen keinen Gefallen getan

In der DDR spielte Kaffee als Genussmittel und Statussymbol eine große Rolle. Wer Westverwandtschaft hatte und die auch fleißig Päckchen mit dem begehrten Kaffee schickte, war gut dran. Ein Tütchen „echte Bohne" öffnete im Land der Mangelwirtschaft manche Tür.

Um 1976 kam es wegen Missernten in Brasilien weltweit zu einer regelrechten Kaffeekrise. Um Devisen zu sparen, wurde die Einfuhr von Bohnenkaffee aus dem Westen gedrosselt. Staats- und Parteichef Erich Honecker und einige Politbürokraten, die mit dem Erwerb von gutem Kaffee natürlich nie Probleme hatten und ihn direkt aus dem Westen bezogen, dachten sich für ihre Untertanen etwas Neues aus – den Kaffee Mix. Wenn man ihn brühte, ergab die Mischung von echter Bohne und Kaffeeersatz eine übel riechende und schmeckende Plörre, die niemand trinken wollte. Natürlich setzte sich die im Volksmund analog zu einer bekannten westlichen Kaffeemarke „Erichs Krönung" genannte Ersatzmischung nicht durch. Es hagelte Proteste und Eingaben. Selbst linientreue Funktionäre regten sich über diese Zumutung auf. So verschwanden die silbrig schimmernden Tüten bald wieder aus den Regalen. Das SED-Politbüro wollte keinen Kaffeekrieg im Inneren riskieren und kaufte nolens volens den „Echten" für viele Devisen auf dem Weltmark.

KOLLABORATION MIT DEN FRANZOSEN ABGELEHNT

Geldscheine hat man schon im alten China gedruckt, in Preußen wurden sie ganz langsam in der zweiten Hälfte des 18. Jahrhunderts eingeführt und natürlich sofort gefälscht. Wie berechtigt Befürchtungen hinsichtlich der leichten Kopierbarkeit solcher Papiere waren, zeigt ein nach 1806 gestarteter Versuch der französischen Besatzungsmacht, den amtlich mit der Herstellung von Geldscheinen befassten Berliner Holzschneider Friedrich Wilhelm Gubitz für die Fälschung preußischer Tresorscheine zu gewinnen.

Die Aufforderung zur Kollaboration war mit der Behauptung verbunden, die preußischen Behörden hätten „fünfzehn Millionen Taler bürgerliches Eigentum mitgenommen, und es sei notwendig, zur Schadloshaltung der Beteiligten und zum Vorteil des Geldflusses die Tresorscheine auf das widerrechtlich Entführte in solcher Summe zu vermehren, wobei ich (Gubitz) als ‚Fabricateur‘ möglichst rasch beförderlich sein sollte". Es sei unbedingt notwendig, diese Summe dem Handelsverkehr wieder zuzuwenden, und dafür werde er, Gubitz, gebraucht.

Der später auch als Journalist und Schriftsteller tätige Grafiker berichtete über das Ansinnen der Franzosen in einem 1868 veröffentlichten Erinnerungsbuch. Danach habe er den Besatzern erklärt, alles, was zur Beschaffung der Tresorscheine notwendig war, sei an die „bezügliche Regierungsbehörde", also den preußischen Staat, abgeliefert worden. Woraufhin er aufgefordert wurde, die „Nachahmlichkeit" der

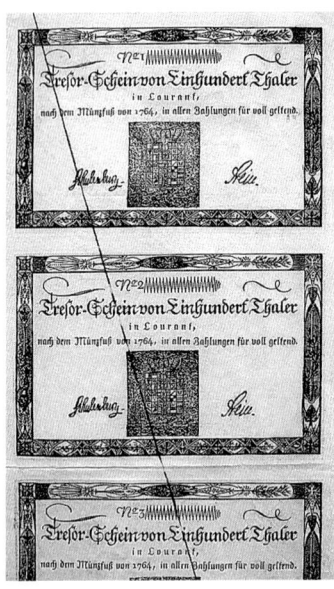

Die frühen preußischen Geldscheine konnten leicht nachgeahmt werden. Wer das tat, wurde wegen Münzverbrechens hart bestraft. Ungültig gemachter Druck aus den Akten des Geheimen Staatsarchivs in Berlin-Dahlem

Tresorscheine unter Beweis zu stellen. „Nun blieb mir nur übrig, unumwunden auszusprechen: erstens wäre doch eine Nachahmung an sich sehr zeitraubend, zweitens müsse ich entschieden verweigern, bei einem verbrecherischen Geschäft Mithelfer zu werden."

Das war unter den Bedingungen des Besatzungsrechts sehr mutig, denn jetzt zeigten Gubitz' Gesprächspartner ihre Klauen, setzten den Holzschneider unter Druck. Der aber ließ sich durch „einschüchternde Drohungen" nicht beeindrucken und wies auch 20 000 Taler Fälscherlohn zurück. Da er sich nicht locken ließ, wurde er wegen angeblicher Beleidigung des französischen Kaisers eingesperrt. Besonders mag die Besatzer geärgert haben, dass Gubitz ihnen einen scheinbar günstigen Ausweg nannte: Sie mögen doch die Tresorscheine in England nachmachen lassen. Doch das war wegen der in Berlin von Kaiser Napoleon I. dekretierten Kontinentalsperre ganz und gar unrealistisch, weil diese die Beziehungen zwischen England und dem Rest des europäischen Kontinents abgeschnitten hatte. Die „schnelle Abweisung des frechen Antrags" der Franzosen hatte für den mutigen Holzschneider keine ernsthaften Folgen. Er kam mit einem „mäßigen Verweis" durch den französischen Gouverneur davon. Gubitz hatte sich als Patriot bewährt. Andere Berliner waren nicht so pingelig und dienten sich den Besatzern an, was man ihnen nach deren Abzug als Kollaboration und Landesverrat ankreidete.

KOPFSTEUERN UND JUNGFERNSCHAFTSABGABEN

Wenn es darum geht, die leere Staatskasse durch Steuern zu füllen, waren die Hohenzollern sehr kreativ. Es gab kaum etwas, was sie nicht mit einer Steuer belegt hätten. Dass sich die Abgabenlasten negativ auf die Wirtschaft auswirken, hat niemand wahrhaben wollen.

Vor allem Kurfürst und König Friedrich III./I. und seine Beamten drückten die Berliner und alle anderen Untertanen mit einer Fülle von Steuern. Millionen Taler wurden für die kostspielige Hofhaltung und den Unterhalt des Heeres, für den Aus- und Umbau des Berliner Schlosses, für zahllose Festlichkeiten wie die Krönung in Königsberg von 1701 sowie Staatsbesuche auswärtiger Monarchen und Feiern in der Herrscherfamilie verpulvert; nicht zu vergessen, was sich Günstlinge des Kurfürsten und Königs in die eigene Tasche steckten.

Kaum auf dem Thron, verordnete Friedrich III. seinen Beamten eine Steuer von zehn Prozent auf ihre Einkünfte. Dann setzte er eine Kopfsteuer fest, die Arm und Reich zu zahlen hatte. Selbst die Ärmsten der Armen mussten einige Groschen entrichten. Am meisten, nämlich tausend Taler, legte der Landesherr in die Staatskasse. Diese für damalige Verhältnisse sehr beachtliche Summe war jedoch nichts verglichen mit dem, was dem Monarchen an Einkünften zufloss. Als das Herrscherpaar seinen Steueranteil weiter steigerte, um in der Gunst der Untertanen besser dazustehen, spotteten diese mit dem Hinweis, dass das, was auf der einen Seite an den Staatssäckel abgegeben wird, auf der anderen in weit größerem Maße wieder hereingeschaufelt wird.

Da vor allem die Krönung in Königsberg Unsummen forderte, wurde flugs eine Krönungssteuer aufgelegt. Wer sie, die Kopfsteuer und die anderen Abgaben, nicht bezahlte, wurde mit Waffengewalt dazu gezwungen oder in Haft genommen. Doch die Einnahmen reichten nicht aus, deshalb erließ der König noch eine Perückensteuer. Da sich in höheren Ständen kein Herr ohne diesen Kopfschmuck zu zeigen wagte, kamen erhebliche Summen zusammen. Den „kleinen Mann" konnte das ausnahmsweise nicht beeindrucken, denn er konnte sich die mehrere hundert Taler teuren Ersatzhaare ohnehin nicht leisten. Da Besserverdienende

König Friedrich I. steht im Charlottenburger Schlossgarten, Bronzeabguss einer von Andreas Schlüter geschaffenen Skulptur

Die künstliche Haar-pracht, die Perücken-macher im 17. und 18. Jahrhundert schufen, unterlag der Besteuerung. Manch ein Träger umging sie – zum Ärger des Fiskus

vor allem französische Perücken trugen, zog der Fiskus zusätzlichen Nutzen, indem auf jeden importierten Haarschopf ein Viertel des Preises als Akzise der Staatskasse zufiel. Unbekannt ist, wie sich Aufwand und Nutzen zueinander verhielten, denn an den Stadt-toren saßen Visitatoren, die jede einkommende Kiste nach un-versteuerten Perücken, Seidenstoffen, Kaffee und anderen Luxusgütern durchschnüffelten (siehe S. 77).

Natürlich waren auch die Frauen von Steuern nicht ausgenommen. Sie mussten Sonderabgaben auf Hüte, Bänder, Schleifen und anderen Kopfputz sowie Schuhe und Kleider entrichten. Da niemand nackt durch die Straßen laufen wollte, wurden die Groschen und Taler für diese Erzeugnisse mehr oder minder miss-mutig gezahlt. Der Besteuerung waren ferner Spielkarten und, man soll es nicht glauben, Jungfrauen unterworfen. In regelmäßigen Abständen mussten sie ihren „Zustand" gegen Zahlung einer Steuer feststellen lassen. Wie eine diesbezügliche Prüfung von-stattging, ist nicht überliefert. Steuern wurden ferner auf Schweineborsten, aus denen man Pinsel und Bürsten fertigte, sowie auf die Ausstellung von amtlichen Papieren erhoben. Wer das sogenannte Schweineborsten-Handlungs-Privileg umging und es mit ehrenrührigen Worten beschimpfte, hatte nach einem königlichen Erlass von 1709 mit Sanktionen zu rechnen. Bliebe zu erwähnen, dass es einen florierenden Handel mit Ämtern und Titeln gab, durch den erhebliche Summen in die Staatskassen gelenkt wurden, um gleich wieder für königliche Bedürfnisse und von Hofschranzen ausgegeben zu werden.

KRIEGSGRÜNDE AN DEN HAAREN HERBEIGEZOGEN

Um einen Krieg anzuzetteln, fanden sich zu allen Zeiten Gründe. Auch Preußens König Friedrich der Große machte da keine Ausnahme, als es darum ging, sich fremde Territorien anzueignen.

Dubiose Erbansprüche eroberungslustiger Monarchen und gefälschte Urkunden dienten häufig als Casus belli, als Kriegsgrund. Einer, der Archivare und Historiker eigens zum Aufspüren von Ansprüchen auf fremde Territorien beschäftigte, war der französische Sonnenkönig Ludwig XIV., der von 1640 bis 1715 regierte und den feudalen Lebensstil einer ganzen Epoche prägte. Der „allerchristlichste König" zweifelte auf der Suche nach neuen Ländereien die Existenzberechtigung kleiner Herrschaften im Westen des Heiligen Römischen Reichs Deutscher Nation an, also in unmittelbarer Reichweite Frankreichs. Deutsche Grafen und Fürsten, aber auch verschiedene Städte wurden vom französischen

In den Kampf um Schlesien mussten alle Seiten furchtbare Blutopfer bringen, mehrfach stand Preußens König Friedrich II. am Rand des Untergangs. Die Schlachtenszene wurde von Adolph Menzel gezeichnet

Hof aufgefordert, Besitzurkunden vorzulegen und ihre Legitimität nachzuweisen. Da das oft nicht möglich war, brach der Sonnenkönig militärische Konflikte vom Zaun und setzte die Réunion (Wiedervereinigung) mit Frankreich militärisch und mit großer Grausamkeit durch. Da sich das zersplitterte und in sich zerstrittene Reich kaum zur Gegenwehr aufraffte und Ludwig XIV. unter deutschen Fürsten willige Helfer fand und bezahlte, hatte er bei der Eroberung und Okkupation der Pfalz, von Heidelberg und Straßburg sowie anderer Städte und Territorien leichtes Spiel.

Ähnlich ging ein paar Jahrzehnte später Friedrich der Große vor. Wenige Monate nach seiner Thronbesteigung überfiel er mit seinen Truppen im Winter 1740 die wohlhabende Provinz Schlesien, die mit Böhmen und Ungarn seit dem 16. Jahrhundert zum Reich der Habsburger gehörte. „Wahrhaftig, es ist ein großer Wahnsinn, aber einer, von dem man schwerlich los kommt, wenn man einmal ergriffen ist", schrieb der von Ruhmsucht befallene König dem von ihm verehrten Philosophen Voltaire (siehe S. 31). Dieser bemerkte 1772 angesichts der von Preußen, Russland und Österreich betriebenen ersten Teilung Polens mit Blick auf den König von Preußen: „Der Fürst wirft seinen Philosophenmantel ab und ergreift den Degen, sobald er eine Provinz erblickt, die ihm gefällt". Der erst 28-jährige Friedrich II. nutzte 1740, eben auf den Thron gelangt, ein Machtvakuum in Wien, wo Kaiser Karl VI. gestorben war, für seine an den Haaren herbei gezogenen Ansprüche. Da die Tochter und Erbin des verstorbenen Kaisers, Maria Theresia, nichts freiwillig herzugeben gedachte, setzte der Preuße seine Forderungen mit Waffengewalt und unter Ausnutzung unterschiedlicher Interessen bei den europäischen Mächten durch, wobei das Wohl des Landes und die Bewahrung des Friedens in Europa eigennützigen Zielen geopfert wurden. „Meine Jugend, das Feuer der Leidenschaften, das Verlangen nach Ruhm, ja, auch um Dir nichts zu verbergen, selbst die Neugierde, mit einem Wort ein geheimer Instinkt, hat mich der Süßigkeit der Ruhe, die ich kostete, entrissen, und die Genugtuung, meinen Namen in den Zeitungen und dereinst in der Geschichte zu lesen, hat mich verführt", gestand der preußische König seinem literarischen Berater Charles Etienne Jordan.

Als Begründung für sein militärisches Vorgehen im Winter 1740 gegen Schlesien dienten verstaubte „Rechtstitel", die Friedrichs Beamte aus den Archiven hervorkramten. „Die Rechtsfrage ist Sache

der Minister, also die Ihrige", schrieb Friedrich II. an seinen Außen-
minister Heinrich Graf von Podewils. „Es ist Zeit, im Geheimen
daran zu arbeiten, denn die Befehle an die Truppen sind gegeben".
Die Urkunden wurden wie gewünscht gefunden und im Sinne des
Königs interpretiert. „Ich fasste sofort den Entschluss, die Fürstentümer Schlesiens in Anspruch zu nehmen, auf welche mein
Haus sehr begründete Rechte hatte, und ich ergriff Maßregeln, um
meine Ansprüche auf dem Wege der Waffen zu verfolgen. Das war
ein unfehlbares Mittel, die Macht meines Hauses zu vermehren und
Ruhm zu erwerben", schrieb der König im Rückblick.

Insgesamt fanden drei Kriege um Schlesien statt. Sie forderten auf
allen Seiten zahllose Tote und Verwundete, brachten unsägliche
Verwüstungen und Preußen fast an den Abgrund. 1763 stand die
Monarchie zwar verarmt, aber als Sieger dar, und Friedrich II.
konnte sich als großer Feldherr und Stratege sonnen. Die Mit- und
Nachwelt nannte ihn von nun an Fridericus Magnus, Friedrich
den Großen.

Auch spätere Herrscher und Regimes waren nicht müde, Kriegs-
gründe zu erfinden und zu konstruieren. Erinnert sei, um in
Deutschland zu bleiben, an die provozierende Redaktion der
Emser Depesche durch den preußischen Ministerpräsidenten Otto
von Bismarck (1870), die zum Deutsch-Französischen Krieg und
in deren Ergebnis zur Gründung des Kaiserreichs führte. Zu
nennen ist auch das Attentat auf den österreichischen Thronfolger
in Sarajevo (1914), das zum Anlass für den Ersten Weltkrieg
genommen wurde, der Millionen Opfer forderte. Schließlich gab
Hitler den von der SS organisierten Überfall auf den Sender
Gleiwitz Ende August 1939 als Grund für den Einmarsch der
Wehrmacht in Polen an, durch den der Zweite Weltkrieg ausgelöst
wurde. An seinem Ende lagen Deutschland und halb Europa in
Trümmern.

LEBENSMITTELKARTEN IM OSTEN
ERST 1958 ABGESCHAFFT

Für uns sind Zeiten kaum vorstellbar, in denen Butter und Zucker, Fleisch,
Fett, Öl und Kartoffeln und andere Lebensmittel, aber auch Seife, Schuhe
und Textilien rationiert waren. Man konnte nicht nach Belieben ein-
kaufen, sondern hatte im Monat nur eine bestimmte Menge zur Ver-
fügung, und wenn man mehr benötigte, musste man es auf dem „Schwarzen

Die aus Kriegszeiten übernommene Rationierung von Lebensmitteln mit Hilfe von besonderen Karten wurde in der DDR erst 1958 abgeschafft

Markt" oder in teuren Läden erwerben. Erst 1958 wurden in Ostberlin und der DDR die Lebensmittelkarten abgeschafft.

Die Parteipresse jubelte und pries die Vorzüge, ja die Überlegenheit des Sozialismus gegenüber dem Kapitalismus und malte das Bild eines gut versorgten Landes mit zufriedenen Bewohnern. Wenn man die mit Zitaten von Marx, Engels und anderen „Klassikern" untermalten Werbesprüche mit der Wirklichkeit verglich, merkte man sehr schnell, dass es sich nur um hohle Phrasen ohne realen Hintergrund handelte. Denn die Industrie und die Landwirtschaft der DDR konnten produzieren wie sie wollten, es reichte nicht aus, und die Löhne ermöglichten gerade mal den Einkauf des Nötigsten. Manch einer mag auch nach der Abschaffung der Lebensmittelkarten weiter „Kohldampf geschoben" haben. Und wer etwas Geld gespart hatte, bekam nicht das zu kaufen, was er haben wollte. Die Lebensmittelkarten wurden beim Einkauf vom Händler nach und nach abgeschnitten. Jedem DDR-Bürger stand eine bestimmte Menge an Fleisch, Fett, Zucker und ähnlichen Waren zu. Wenn Familienfeiern wie Geburtstage und Hochzeiten, aber auch die Ostertage und das Weihnachtsfest bevorstanden, wurden die Abschnitte gehortet und dann auf einmal eingelöst.

Auch nach dem Verzicht auf die Kontingentierung hatten viele Leute nicht das Geld, um sich zusätzlich aus den Läden der staatlichen Handelsorganisation (HO) oder aus dem Konsum zu versorgen. Fleisch und Butter gab es bei vielen DDR-Bewohnern selten, man behalf sich mit selbst angebautem Gemüse und mit Margarine und kam damit irgendwie über die Runden. Übergewichtige Menschen waren damals kaum im Straßenbild zu sehen, Stoffwechselkrankheiten, die uns heute plagen, waren die Ausnahme. Glück hatte, wen Verwandte mit „Westpaketen – Geschenksendung keine Handelsware" versorgten. Deren Inhalt wurde nicht nur zum eigenen Verzehr verwendet, sondern diente vielfach dem Tauschhandel und zur Pflege von „Beziehungen", denn die waren im zweiten deutschen Staat so wertvoll wie Gold, weil man sich mit ihnen manchen Wunsch erfüllen konnte.

Natürlich musste die DDR-Regierung den Preisschub nach oben, der 1958 mit der Abschaffung der Lebensmittelkarten einherging, kompensieren. Da die neuen Preise höher waren als diejenigen, die man bei Abgabe der Kupons bezahlen musste, wurde die Differenz durch vorsichtigen Anstieg der Löhne, Gehälter und Renten ausgeglichen. Außerdem wurde eine Reihe von finanziellen Vergünstigungen für Familien mit Kindern eingeführt. Diese Neuerungen und ein verbessertes, aber weiterhin nicht ausreichendes Angebot an subventionierten Lebensmitteln und Textilien sowie von billigen Wohnungen führten vorübergehend zu einer Entspannung des politischen Klimas in der DDR. Doch das Tauwetter dauerte nicht lange. Es mehrten sich Unzufriedenheit und kritische Fragen an die sozialistische Planwirtschaft. Hatten die DDR-Bewohner lange ihren Lebensstandard an dem gemessen, was vor dem Krieg zur Verfügung stand, so war jetzt die offiziell als Klassenfeind bekämpfte Bundesrepublik der Maßstab, und ihr gegenüber war die DDR stark im Hintertreffen, mochten die dortigen Medien noch so sehr das Gegenteil behaupten.

Dass es in den späten fünfziger Jahren weiter zu sogenannten Engpässen kam, wie man die massiven Versorgungslücken vorsichtig umschrieb, hatte nicht zuletzt mit den immensen Lieferverpflichtungen der DDR an den „großen Bruder" zu tun. Bis zu seinem Ende musste der zweite deutsche Staat einen großen Teil seiner Industrieproduktion zu Dumpingpreisen in die Sowjetunion exportieren und bekam dafür Erdöl, Getreide und andere hierzulande weiterzuverarbeitende Rohstoffe. Nachdem die DDR-Regierung der Führung in Moskau die Gefahr einer schweren Ernährungskrise und von möglichen inneren Unruhen

Wie die DDR-Bewohner eingerichtet waren, was sie aßen und wie sie sich kleideten, war 2010 Thema einer Ausstellung in einem Ladenkomplex an der Landsberger Allee in Berlin-Lichtenberg

analog zu denen in Polen und Ungarn eingestanden hatte, wurden die Lieferungen aus der Sowjetunion verstärkt, begleitet durch eine massive ideologische Beeinflussung der Bevölkerung. Die SED gab die Parole „Sozialistisch arbeiten, lernen und leben" aus und erklärte als Staatsziel, „Westdeutschland" im Pro-Kopf-Verbrauch einzuholen und zu überholen, was ganz und gar unrealistisch war und bis zum Ende der DDR nicht erreicht wurde.

SED-Chef Walter Ulbricht und seine Genossen trieben nach sowjetischem Vorbild die Kollektivierung der Landwirtschaft sowie die Verstaatlichung privater Klein- und Mittelbetriebe massiv voran und lösten mit weiteren, gegen die Kirche gerichteten Maßnahmen eine Massenflucht in den Westen aus. Das Fehlen von Bauern, Handwerkern, Gewerbetreibenden, Lehrern und Ärzten machte sich überall und vor allem in der Versorgung bemerkbar, mochte die Propaganda mit ihrer massiven Hetze gegen die Bundesrepublik und die „Frontstadt Westberlin" und ihre angeblichen Abwerbemaßnahmen noch so sehr dagegenhalten. Die „staatlichen Organe", allen voran das Ministerium für Staatssicherheit, hatten viel zu tun, das selbst verschuldete Ausbluten der DDR zu verhindern. Ulbricht & Co. schoben der Massenflucht am 13. August 1961 in Abstimmung mit der Sowjetregierung durch den Bau der Berliner Mauer und die Zementierung der innerdeutschen Grenze einen Riegel vor (siehe S. 97). Nachdem sich die DDR zubetoniert hatte, rief ihre Führung zum Wettstreit mit der kapitalistischen Bundesrepublik auf. Das Ziel, die „Überlegenheit" des Sozialismus über den Kapitalismus durch massives Wirtschaftswachstum und Nutzung aller Möglichkeiten von Wissenschaft und Technik zu beweisen und dadurch die „sozialistische Menschengemeinschaft" zusammenzuschmieden, erwies sich als Utopie.

LITFASSSÄULEN WURDEN SCHNELL POPULÄR

Heimliches Bekleben von Wänden und Zäunen ist keine Erfindung unserer Tage. Schon im 19. Jahrhundert sorgten in Berlin wild durcheinander angeschlagene Zettel und Plakate für Ärger. Ordnung schuf der Berliner Druckereibesitzer Ernst Theodor Amandus Litfaß mit den nach ihm benannten Anschlagsäulen.

Der auf zahlreichen Auslandsreisen gebildete Drucker und Verleger ließ am 1. Juli 1855 nach Pariser Vorbild die ersten von 150 runden Plakat- und Zettelsäulen aufstellen. Dazu hatte er eine amtliche Genehmigung erhalten. „Dem Buchdrucker Ernst Litfaß, allhier ansässig in der Adlerstraße 6, wird auf dero persönliches Ersuchen hin gestattet, auf fiskalischem Straßenterrain Anschlagsäulen zwecks unentgeltlicher Aufnahme der Plakate öffentlicher Behörden und gewerbsmäßiger Veröffentlichungen von Privatanzeigen zu errichten. Alles andere Plakatieren von Zetteln ist künftig verboten", gab Polizeidirektor Karl Ludwig von Hinkeldey am 5. Dezember 1854 bekannt und erteilte Litfaß das Monopol für diese Art öffentlicher Bekanntmachung.

Die Litfaßsäule war geboren, ihr Siegeszug war nicht aufzuhalten. Auf dem über drei Meter hohen Zylinder

Litfaßsäulen waren im biedermeierlichen Berlin beliebte Informations- und Treffpunkte und wurden ständig neu beklebt

aus Gusseisen verbreiteten der Berliner Magistrat und die Polizei amtliche Verlautbarungen, die bei Litfaß gedruckt wurden. Außerdem warben Unternehmen für ihre Erzeugnisse und Dienstleistungen. Zum Repertoire gehörten ferner Theaternachrichten, Produktreklame und private Suchmeldungen aller Art.

Ernst Litfaß nutzte einige Säulen als öffentliche Toiletten und half damit ein zusätzliches Bedürfnis zu befriedigen. Andere Zylinder besaßen inwendig eine Wasserleitung und dienten als Brunnen. Da „Wasser aus der Wand" Mitte des 19. Jahrhunderts noch weitgehend unbekannt war, erfreuten sich die Litfaß- und viele andere Brunnen als Treffpunkt der Bevölkerung großer Beliebtheit. Hier konnte man private Nachrichten austauschen und Neuigkeiten aller Art schnell weitergeben.

Die ab 1855 auf Berliner Plätzen und an Straßenkreuzungen aufgestellte Novität wurde schnell populär und war aus dem Stadtbild bald nicht mehr wegzudenken. Bereits zehn Jahre nach der Premiere hat man in Berlin fünfzig weitere Anschlagsäulen aufgestellt. Schon erklangen auf den Straßen eine „Ernst-Litfaß-Annoncier-Polka" und andere Gassenhauer auf „Litfaß' dickbäuchige Kinder" oder die „eisernen Dicken", wie man damals sagte. Auch andere Städte waren bei der Übernahme der Anschlagsäulen nicht faul und machten damit den Namen des innovativen Druckers weithin bekannt, was dessen Geschäften natürlich nützlich war.

Der gelernte Buchhändler war ein vielseitig interessierter und auch musisch veranlagter Mann. Als Schauspieler und Gründer des Berliner Theaters „Lätitia", des späteren „Vorstädtischen Theaters", hatte der Musensohn jedoch bei weitem nicht so viel Erfolg wie mit seiner Arbeit als Drucker sowie Verleger von Zeitungen und Almanachen. Dass sich Litfaß, den man bald Säulenheiliger nannte, mit den preußischen Behörden gut verstand, ist verwunderlich, denn in der 1848er Revolution hatte er sich bei diesen als Liberaler und Herausgeber von Flugschriften und des regimekritischen Blattes „Berliner Krakeeler" unbeliebt gemacht. Immer auf der Suche nach Neuem, stellte er erstmals in Deutschland großformatige Plakate her. Ungewöhnlich war ferner, dass Litfaß Grafiker und Schriftkünstler für die Plakatwerbung beschäftigte. 1863 zum Hofdrucker ernannt, betätigte er sich als Mäzen und Gastgeber von Wohltätigkeitsveranstaltungen, deren Ertrag er für soziale Zwecke stiftete. Aufgrund eines königlichen Privilegs verbreitete er in den preußisch-deutschen Kriegen von 1866 gegen Österreich und 1870/71 gegen Frankreich offizielle Kriegsnachrichten und Siegesmeldungen. In den vergangenen Jahrzehnten verschwanden die Litfaßsäulen weitgehend aus dem Stadtbild. Schautafeln und andere Webeträger übernahmen ihre Aufgaben. Außerdem gibt es Neuigkeiten aller Art in den Zeitungen, im Fernsehen, Radio und Internet.

LUISE ALS LEITSTERN UND FILMDIVA

Die aus Mecklenburg-Strelitz stammende, vor 200 Jahren verstorbene Königin Luise von Preußen lebte nur 34 Jahre. Doch wie kaum bei einer anderen Monarchin gab dieses unvollendete Leben schöne Bilder und anrührende Geschichten her. Ihre Biographie war Schulstoff, man verehrte die Herrscherin als treusorgende Mutter und energische Politikerin und als eine Frau, die auch in der Mode tonangebend war.

Der kurze Krieg Preußens und Kursachsens gegen Frankreich endete am 14. Oktober 1806 mit einer katastrophalen Niederlage. Nach der Doppelschlacht von Jena und Auerstedt schlug sich Kurfürst Friedrich August III. auf die Seite Kaiser Napoleons I., trat dem Rheinbund und der gegen England, Frankreichs Hauptfeind, gerichteten Kontinentalsperre bei und durfte sich noch vor Jahresende König Friedrich August I. von Sachsen und Freund seines französischen Gönners nennen. Währenddessen sannen der preußische König Friedrich Wilhelm III. und sein Verbündeter Zar Alexander I. von Russland auf Revanche. Doch war beiden Heeren im Winter und Frühsommer 1807 das Kriegsglück nicht hold, und so sahen sich der Russe und der Preuße gezwungen, mit Frankreich in Friedensverhandlungen einzutreten. Sie fanden Anfang Juni 1807 in Tilsit an der preußisch-russischen Grenze statt und gingen, zumindest für Preußen, unglücklich aus. Bei den Verhandlungen ging es für Friedrich Wilhelm III. um alles oder nichts. Napoleon ließ den wenig entschlussfreudigen, zaudernden, wortkargen und linkischen Monarchen seine ganze Verachtung spüren. Während Napoleon mit Alexander auf gleicher Augenhöhe verhandelte und sie gemeinsam Paraden abnahmen, blieb der glücklose Nachfahre Friedrichs des Großen im Hintergrund und musste geduldig warten, bis man ihn rief.

Um Napoleon I. bei den Friedensverhandlungen freundlich zu stimmen, wurde Königin Luise als „Geheimwaffe" ins Rennen

Die Begegnung der Königin Luise mit Napoleon I. im Juni 1807 in Tilsit brachte für Preußen keine Entlastung. Solche Zeichnungen aus der Zeit um 1900 dienten Spielfilmen als Vorlage.

geschickt. Aufgabe der Monarchin war es, in persönlichen Gesprächen den Kaiser der Franzosen, der ein Faible für schöne Frauen hatte, um günstige Friedensbedingungen zu bitten. Die Begegnungen unter vier Augen beziehungsweise im Beisein des preußischen Königs, des russischen Zaren und weiterer Persönlichkeiten waren eine große Herausforderung sowohl für Luise als auch für Napoleon. Dem Franzosen waren die verächtlichen Urteile der Königin bekannt, und er wusste, dass sie ihn für einen skrupellosen Emporkömmling, ein Ungeheuer und einen Menschenschlächter hielt und ihn und seine Sippschaft am liebsten zum Teufel geschickt hätte. Luise hingegen ärgerten ehrenrührige Gerüchte, die Napoleon über eine angebliche Liebesbeziehung zwischen ihr und dem Zaren Alexander I. von Russland ausgestreut hatte.

Obwohl Luise als Bittstellerin erschien, beachtete ihr französischer Gastgeber die Etikette und tauschte mit ihr Artigkeiten aus. Mit einer Frau, und dann noch mit einer so schönen, sich über Politik unterhalten zu müssen, war Napoleon höchst unangenehm, und so tat er alles, die Gespräche auf belanglose Themen, auf Mode und Hofklatsch zu lenken. Luise ließ nicht locker, bat und flehte, die Halbierung Preußens abzumildern und ihrem Gatten mehr Land und Leute zu lassen, als von Napoleon beabsichtigt war. „Sire, sind wir hierher gekommen, um von nichtigen Dingen zu reden? Wir haben einen unglücklichen Krieg geführt, Sie sind der Sieger, aber soll ich annehmen, dass Sie Ihren Sieg missbrauchen wollen?", fragte Luise mit Tränen in den Augen und räumte ein, dass Preußen Opfer bringen müsse. „Aber trenne man von Preußen nicht Provinzen, die ihm seit Jahrhunderten gehören, wenigstens nehme man uns nicht Untertanen, die wir wie Lieblingskinder lieben. [...] Wenn Sie uns das Land links der Elbe nehmen, wenn Sie uns Magdeburg nehmen, so ist das kein Opfer mehr, sondern der Untergang".

Äußerlich konziliant und charmant, blieb der Kaiser hart. Jetzt müssten die Preußen die Suppe auslöffeln, die sie sich in ihrer grenzenlosen Überheblichkeit eingebrockt hatten. Niemand habe Friedrich Wilhelm III. gezwungen, in einen Krieg mit Frankreich einzutreten, betonte Napoleon, und auch dass der König von Preußen nach der Niederlage von Jena und Auerstedt nicht die Waffen gestreckt und französische Friedensangebote angenommen habe, sei ein großer Fehler gewesen.

Es kam wie es kommen musste. Die Argumente der Königin von Preußen, die Napoleon nach eigenen Worten als „eine reizende Frau" erlebte, fruchteten nicht, und so bedeutete der Frieden von Tilsit zwar nicht den Untergang, wohl aber das Ende Preußens als eine Macht, mit der man rechnen musste. Napoleons Entschluss – „So muss ich es Preußen unmöglich machen, je etwas gegen die Interessen Frankreichs zu unternehmen" – stand fest und wurde auch nicht durch die schöne Luise umgestoßen.

Ihre von preußischen Diplomaten und Hofschranzen eingefädelte Mission erwies sich als Fehlschlag. Er kratzte an ihrer Würde, wurde aber später in der borussischen Geschichtsschreibung als notwendiger Opfergang einer mutigen Landesmutter hochstilisiert. Dass man die stolze Königin mit Zustimmung ihres Gemahls instrumentalisierte, unterstreicht die Überheblichkeit und Unbedarftheit am preußischen Hof hinsichtlich der Möglichkeit, den Kaiser der Franzosen durch Hinweise auf die Historie und Einsatz von weiblichem Charme und feuchten Augen zu beeindrucken. Napoleon war eben nicht der „alte Bekannte", mit dem man im quasi familiären Ton über Schicksalsfragen plaudern konnte, sondern ein beinharter Kriegsgegner, der seine Trumpfkarten ausspielte und sich auf seinem Weg an die Spitze Europas nicht hindern ließ.

Luise von Preußen blieb es versagt zu erleben, dass sich ihr Land in den Befreiungskriegen seiner französischen Besatzer entledigte

*Christian Daniel Rauch schuf das Grabmal der 1810 verstorbenen
Königin Luise für das Mausoleum im Charlottenburger Schlosspark
(Foto). Eine weitere Version steht in der Friedrichswerderschen Kirche.*

und wieder zu alter Größe gelangte. Mit nur 34 Jahren starb sie,
von ihrem Gatten, den Kindern und allen Untertanen tief be-
trauert, am 19. Juli 1810 in Hohenzieritz bei Neustrelitz. Die Geschichtsschreibung des 19. und frühen 20. Jahrhunderts sorgte
dafür, dass sie als „Kämpferin um Preußens Größe" in Erinnerung
blieb.

Wie sich das Leben der Königin von Preußen, die Mutter eines
Königs und eines Kaisers war und schon deshalb in der Hohen-
zollernfamilie als Ahnfrau verehrt wurde, in Berlin, Charlottenburg, Potsdam, Königsberg, auf der Pfaueninsel und in Paretz ab-
spielte, war Gegenstand von Geschichts- und Anekdotenbüchern
und wurde auch mehrfach im Kino dargestellt. Kaum hatten die
Bilder „laufen" gelernt, da avancierte Luise zur Filmdiva, verkörpert durch beliebte Schauspielerinnen und stets durch eine
andere Brille betrachtet. Begonnen hatte alles 1912, als an
Originalschauplätzen ein als „historisch-vaterländisches Gemälde
in 3 Abteilungen" angepriesener Spielfilm gedreht wurde. Kaiser
Wilhelm II. genehmigte der Deutschen Mutoskop- und Bio-
graph-Gesellschaft, Unter den Linden zu drehen, damals noch in
Schwarz-Weiß und ohne Ton. Der Vorspann erläutert, es gehe in
diesem Werk um eine Lichtgestalt, die dem deutschen Volk von
Gott in einer schweren Zeit geschenkt wurde und zu der es voll
Begeisterung und Bewunderung aufsehen könne.

Dem Kinofilm lag ein damals populärer Bild-Text-Band zu-
grunde, in dem die Grafiker Carl Röhling, Richard Knötel und

Woldemar Friedrich das Leben der Monarchin gestaltet hatten. Regisseur Franz Porten musste nicht viel Phantasie entwickeln, denn er brauchte nur jene farbigen Bilder herzunehmen und nach ihnen seine Szenen zu arrangieren, etwa die Begegnung des preußischen Kronprinzen und nachmaligen Königs Friedrich Wilhelm III. mit der jungen, lebenslustigen und klugen Prinzessin Luise und den Einzug des Brautpaars in Berlin. In dem Film fehlte das mehrfach auf Bildern und Grafiken dargestellte Gelöbnis zu ewiger Freundschaft und Bündnistreue nicht, das Friedrich Wilhelm III. und Zar Alexander I. im Beisein der Königin Luise Ende 1805 einander an den Gräbern der beiden Preußenkönige Friedrich Wilhelm I. und Friedrich II., dem Großen, in der Potsdamer Garnisonkirche abgaben (siehe S. 12).

Analog zu dem illustrierten Volksbuch verherrlichte der 1913 in die Kinos gelangte Film Luise als nimmermüde Landesmutter, die sich in Preußens schwersten Stunden rührend um ihre Untertanen sorgt. Obwohl sie eine Krone trägt, ist sie doch eine von uns, lautete die Botschaft, ja sie ist es, die als „Königin der Schmerzen" alles tut, um das schwere Los zu lindern, das der französische Kaiser den Preußen auferlegt. Ob dieser erste Luisenfilm ein Erfolg war, können wir nicht beurteilen.

Dem ersten Film folgten zahlreiche weitere. Während der Weimarer Republik konkurrierten sechs gegeneinander. Filme über Friedrich den Großen, Luise und generell zum Thema Preußen „gingen" offenbar gut, ungeachtet eines politischen Umfeldes, das dem in der Kaiserzeit gepflegten Monarchenkult abgeschworen hatte. In der Nazizeit wurde Friedrich der Große in Monumentalfilmen von allen Seiten betrachtet, natürlich auch der Reichsgründer und erste Reichskanzler Otto von Bismarck, zwei historische Gestalten, in denen Adolf Hitler so etwas wie seine Vorgänger sah.

Nach dem Zweiten Weltkrieg war mit den Hohenzollern zunächst einmal kein Geschäft zu machen. Erst 1957 kam unter dem Titel „Luise – Liebe und Leid einer Königin" in der Bundesrepublik ein weiterer Film dieser Couleur heraus. Unter der Regie von Wolfgang Liebeneiner, der schon in der Nazizeit eine große Nummer in dem vom Propagandaminister Goebbels kontrollierten Filmwesen war, agierten Ruth Leuwerik und Dieter Borsche als ein recht unterschiedlich geartetes Königspaar. Bernhard Wicki trat als Zar Alexander I. und René Deltgen als französischer Kaiser Napoleon I. auf. Die Kritik war von dem Kos-

Zum Luisenjahr 2010 steuerte das Filmmuseum Potsdam eine Ausstellung über den Luisen-Mythos bei und zeigte unter anderem Kostüme, in denen prominente Schauspielerinnen die Königin von Preußen dargestellt haben

tümfilm wenig angetan, die Handlung war vorhersehbar, Konflikte am preußischen Hof um Krieg und Frieden wurden ausgespart. Die Protagonisten mühten sich „in Fontanischem Geist" redlich, die Größe und Tragik im Leben der Monarchin zu schildern, wie es damals hieß. Während in süßlich-kitschiger Weise das verfilmte Leben der 1889 ermordeten österreichischen Kaiserin Elisabeth („Sissi") ein Millionenpublikum begeisterte und auch heute noch ausgestrahlt wird, kennt heute kaum noch jemand den Film von 1957 über die „Königin der Herzen und der Schmerzen". Zu ihrem 200. Todestag erfuhr sie in mehreren Ausstellungen der Stiftung Preußische Schlösser und Gärten Berlin-Brandenburg und des Filmmuseums Potsdam viel Aufmerksamkeit und eine Neubewertung.

MAUERBAU UND MAUERFALL

Anfang 1989 behauptete Erich Honecker, die Mauer werde noch in fünfzig oder hundert Jahren stehen. Der SED-Chef und Staatsratsvorsitzende provozierte damit eine Fluchtwelle verzweifelter DDR-Bewohner über Drittländer sowie massenhafte Ausreiseanträge. Am Ende des gleichen Jahres hatten die Einparteienherrschaft und der 1961 erbaute Beton- und Stacheldrahtriegel ihren Schrecken verloren.

In den Jahren 1960/61 verließen tausende Menschen die DDR und den Ostteil Berlins. Das Notaufnahmelager in Marienfelde (Bezirk Tempelhof) war überfüllt. Die Flüchtlinge verließen ihre Heimat nicht aus Abenteuerlust, sondern weil ihnen das Wasser bis zum Hals stand. Die politischen und wirtschaftlichen Verhältnisse im sogenannten Arbeiter- und Bauernstaat waren so bedrückend, dass es dort, unter der Fuchtel der allmächtigen Staatspartei SED und überwacht durch die allwissende Staatssicherheit, für viele Menschen kaum noch auszuhalten war.

Irgendetwas musste geschehen, das spürte damals jeder. Und so wurde der SED-Chef und Staatsratsvorsitzende Walter Ulbricht am 15. Juni 1961 in einer internationalen Pressekonferenz gefragt und es klang wie bestellt, ob der Bau einer Mauer bevorstehe. Ulbricht wehrte ab und erklärte wörtlich: „Ich verstehe Ihre Frage so, dass es in Westdeutschland Menschen gibt, die wünschen, dass wir die Bauarbeiter der Hauptstadt der DDR dazu mobilisieren, eine Mauer aufzurichten. Mir ist nicht bekannt, dass eine solche Absicht besteht. Die Bauarbeiter unserer Hauptstadt beschäftigen sich hauptsächlich mit Wohnungsbau. [...] Niemand hat die Absicht, eine Mauer zu errichten".

Ulbricht log, denn die Abriegelungspläne in Absprache mit der Sowjetregierung waren geschrieben und die Einsatzbefehle ausgestellt. Die insgeheim vorbereitete und dann zwei Monate nach Ulbrichts scheinheiliger Erklärung tatsächlich durchgeführte Ak-

Die Skulptur eines flüchtenden DDR-Grenzers bringt an der Bernauer Straße die dramatischen Tage in Erinnerung, als es mit viel Glück noch möglich war, den Ulbricht-Staat hinter sich zu lassen.

tion wurde von Ulbrichts Mann fürs Grobe, Erich Honecker, vorbereitet und durchgeführt. Ulbrichts Erbe als Staats- und Parteichef ließ bis 1989 keine Gelegenheit aus, den Mauerbau als Beitrag für den Sieg des Sozialismus zu verherrlichen.

Die rigorosen Sperrmaßnahmen hatten neben dem Ziel, die Fluchtbewegung zu unterbinden, vor allem den Zweck, die Westgrenze der unter sowjetischem Kuratel stehenden Staaten des Warschauer Vertrages fest und sicher zu machen. Beide Lager – die Staaten der Nato und des Warschauer Vertrags – standen sich damals, in der Zeit des Kalten Kriegs, bis an die Zähne bewaffnet gegenüber, und mehrfach wäre es fast zu einem Dritten Weltkrieg unter Einsatz von Atomwaffen gekommen.

Die mit ausgeklügelten Signal- und Selbstschussanlagen, Sperren und Minenfeldern abgesicherte Mauer und innerdeutsche Grenze war der größte Irrtum in der in dieser Hinsicht nicht armen Geschichte der DDR. Statt eine Politik für das Volk zu machen, wurde das Volk wechselnd mit Zuckerbrot und Peitsche traktiert. Demokratische Mitbestimmung wurde den DDR-Bürgern vorenthalten. Ihr bescheidener Lebensstandard beruhte zum großen Teil auf Pump. 1989, im Jahr des Mauerfalls, hatten auch Personen aus dem engsten Kreis um Honecker erkannt, wie verschuldet und wirtschaftlich geschwächt die DDR war. Nur einer hielt an dem Irrtum fest, das Land sei wirtschaftlich gesund – Erich Honecker, von einigen Linientreuen in seiner Meinung durch gefälschte Statistiken bestärkt. Die mit der Ablösung Honeckers am 18. Oktober 1989 durch seinen Ziehsohn und Kronprinzen Egon Krenz eingeleitete sogenannte Wende war nur dem Namen nach eine Kurskorrektur und rettete den maroden Staat nicht mehr.

Am Abend des für die deutsche Geschichte so bedeutungsvollen 9. November – Novemberrevolution 1918, Hitlerputsch 1923, antijüdischer Pogrom 1938 – fiel die Mauer. Eher beiläufig verlas um 18.57 Uhr der neue Medien-Sekretär im SED-Politbüro, Günter Schabowski, bei einer Pressekonferenz in Berlin vor laufenden Kameras folgende Mitteilung: „Privatreisen nach dem Ausland können ohne Vorliegen von Voraussetzungen – Reiseanlässe und Verwandtschaftsverhältnisse – beantragt werden. Die Genehmigungen werden kurzfristig erteilt. Versagungsgründe werden nur in besonderen Ausnahmefällen angewandt". Die Ausreisen könnten „über alle Grenzübergangsstellen der DDR zur BRD beziehungsweise Berlin-West erfolgen". Auf die Frage eines

*An der Born-
holmer Straße,
wo in der Nacht
vom 9. zum 10.
November 1989
tausende Men-
schen von Ost
nach West und
umgekehrt
wechselten, soll
in den kommen-
den Jahren eine
Gedenkstätte
eingerichtet
werden. Der Ort
heißt jetzt „Platz
des 9. Novem-
ber 1989".*

Journalisten, ab wann das geschehen könne, sagte Schabowski:
„Wenn ich richtig informiert bin, nach meiner Kenntnis sofort".
Viele Fernsehzuschauer hüben und drüben erkannten die Spreng-
kraft der Information, die unverzüglich von den Nachrichten-
agenturen in alle Welt übermittelt wurde: Ab sofort wird die
Mauer geöffnet, ab sofort können die Grenzübergänge „ohne
Vorliegen von Voraussetzungen", also Genehmigungen, passiert
werden. Und so setzten sich an jenem späten Donnerstagabend
unzählige Berliner in Bewegung, versammelten sich vor den Übergangsstellen, verlangten von den völlig konsternierten Grenzern,
dass ihnen geöffnet wird.

Die Wachhabenden an der Bornholmer Straße, Chausseestraße,
Sonnenallee und anderen Berliner Übergangsstellen waren auf
dieses Ereignis nicht vorbereitet und fühlten sich überrumpelt.
Nachfragen in den Befehlszentralen der Staatssicherheit, der Na-
tionalen Volksarmee und des Innenministeriums ergaben völlige
Konfusion. Bald schon kam die Anweisung an die Grenzer:
„Schlagbäume hoch". Wenig später war kein Halten mehr. Trä-

nenüberströmt lagen sich Freunde und Verwandte, aber auch völlig Fremde in den Armen. „Waaaahnsinn" war das häufigste Wort dieser Nacht. Ein Einheits- und Freiheitsdenkmal in der Nähe des Schlossplatzes wird eines Tages an die „Nacht der Nächte" und die Auflösung des SED-Staates erinnern (siehe S. 38). Mehr erfährt man dazu in der Gedenkstätte an der Bernauer Straße, die nach und nach erweitert und mit immer neuen Dokumenten und Bildern ausgestattet wird.

MODERNE ALS RINNSTEINKUNST VERSPOTTET

Kaiser Wilhelm II. hielt sich für einen großen Kunstkenner. Kein Bauwerk und kein Denkmal von Rang, das nicht von ihm genehmigt worden wäre. Mit wachsendem Ärger beobachtete er, dass sich außerhalb des von ihm vorgegebenen Rahmens Kunstformen entwickelten, die seine Augen beleidigten und seinen Ohren weh taten. Zum Abschluss der Arbeiten an der Berliner Siegesallee hielt der Monarch eine Brandrede, in der auch das Wort „Rinnsteinkunst" fiel.

Als am 18. Dezember 1901 die letzte Denkmalgruppe enthüllt wurde, war der Kaiser des Lobes voll (siehe S. 134). Jetzt konnte die Welt sehen, welch ein großer Mäzen die Deutschen regiert.

„Und das sind die Sterne, die dem lieben Gott für seine Verdienste um das Haus Hohenzollern verliehen worden sind", behaupten Kinder im „Simplizissimus" vom 3. Januar 1903. Der Karikaturist Thomas Theodor Heine nimmt damit auch die Selbstherrlichkeit Kaiser Wilhelms II. aufs Korn.

Der Kaiser hatte 1895 der Stadt Berlin ein aus 32 Figurengruppen bestehendes „Ehrengeschenk" spendiert, das wegen seiner Einförmigkeit und Serienmäßigkeit sogleich Kritiker auf den Plan rief und als „Puppenallee" verspottet wurde. Von der hohen Qualität der – heute nur in Resten noch existierenden – Siegesallee überzeugt, nahm der Kaiser die Aufstellung der letzten Marmorfigur zum Anlass, es all den Nörglern, Kritikastern und Banausen zu zeigen, die, undankbar, unsensibel und ignorant, nicht die Größe des kaiserlichen Geniestreichs anerkennen wollten und das große Werk nur aus ihrer Froschperspektive be- und verurteilten.

Bei einem Festbankett Ende 1901 für die Schöpfer der Siegesallee im Berliner Schloss hielt Wilhelm II. eine Ansprache, in der er heftig gegen „sogenannte moderne Richtungen und Strömungen" wetterte. Das „Experiment" Siegesallee dürfe als gelungen betrachtet werden, verkündete er, ihr Eindruck sei ein ganz überwältigender, überall mache sich ein ungeheurer Respekt für die deutsche Bildhauerei bemerkbar, so der Kaiser. Zwar bot die Fertigstellung der Siegesallee der höchsten Autorität im Reich Gelegenheit, durch eine Lobeshymne auf selbige ihren Kritikern den Wind aus den Segeln zu nehmen. Die gemessene Wortwahl aber lässt vermuten, dass der Redner wohl leise Zweifel an der Qualität des Resultats hatte, als er sagte, wir könnten auf die Siegesallee allerseits mit Befriedigung zurückblicken. An die anwesenden Künstler gewandt, stellte er fest, ein jeder habe in seiner Art die Aufgabe gelöst. Er habe ihnen das vollste Maß der Freiheit und Muße gelassen, behauptete Wilhelm II. wider besseren Wissens und schränkte seine angebliche Großzügigkeit sogleich mit dem Zusatz ein: „… wie ich es für den Künstler für notwendig halte. Ich bin nie in die Details hineingegangen, sondern habe mich begnügt, einfach die Direktive, den Anstoß zu geben. Aber mit Stolz und Freude erfüllt Mich am heutigen Tage der Gedanke, dass Berlin vor der ganzen Welt dasteht mit einer Künstlerschaft, die so Großartiges auszuführen vermag. Es zeigt sich, dass die Berliner Bildhauerschule auf einer Höhe steht, wie sie wohl kaum je in der Renaissancezeit schöner hätte sein können".

Nachdem der erste Kunstwart des Deutschen Reiches den neben ihm sitzenden Hofbildhauer Reinhold Begas als künstlerischen Leiter des Projekts, an dem zwei Dutzend Künstler und Historiker mitgewirkt hatten, über den grünen Klee gelobt und die Anwesenden vor „sogenannten modernen Richtungen und

Strömungen" gewarnt hatte, holte er die Katze aus dem Sack, indem er als unumstößliches Gesetz festlegte: „Eine Kunst, die sich über die von Mir bezeichneten Gesetze und Schranken hinwegsetzt, ist keine Kunst mehr, ist Fabrikat, ist Gewerbe, und das darf die Kunst nie werden. [...] Wenn nun die Kunst, wie es jetzt vielfach geschieht, weiter nichts tut, als das Elend noch scheuß- licher hinzustellen als es schon ist, dann versündigt sie sich damit am deutschen Volke. Die Pflege der Ideale ist zugleich die größ- te Kulturarbeit, und wenn wir hierin den anderen Völkern ein Muster sein und bleiben wollen, so muss das ganze Volk daran mit- arbeiten, und soll die Kultur ihre Arbeit voll erfüllen, dann muss sie bis in die untersten Schichten des Volkes hindurchgedrungen sein. Das kann sie nur, wenn die Kunst die Hand dazu bietet, wenn sie erhebt, statt daß sie in den Rinnstein niedersteigt!"

Von Wilhelm II. ins Visier genommene Literaten, Maler, Bild- hauer, Regisseure und andere nicht systemkonforme Künstler standen in einem, wie der Monarch meinte, krassen Gegensatz zu dem, was er als ästhetisch, schön, christlich, erbaulich, vor- nehm, nützlich, patriotisch ansah, kurzum was er für deutsche Leitkultur, wie wir heute sagen würden, hielt. Wilhelm II. ent- fesselte in Berlin einen Feldzug gegen französische und andere Impressionisten, ließ in der Nationalgalerie deren Bilder ab- hängen, kündigte eine Theaterloge. Die Gescholtenen nahmen es gelassen, der diskriminierende Begriff avancierte mit der Zeit zu einer Art Gütesiegel, weil er jemanden bezeichnete, der zur Avantgarde gehört. Die „Rinnsteinkünstler" sollten Recht behalten, denn sie werden auch heute geliebt, während die vom Kaiser bevorzugten Schöpfer glatter Hofkunst weitgehend ver- gessen sind.

NOFRETETE, DIE SCHÖNSTE BERLINERIN

Seit sie im Jahre 1912 in Amarna, 300 Kilometer südlich von Kairo, ent- deckt und von ihren Ausgräbern nach Berlin gebracht wurde, zählt die Büste der ägyptischen Königin Nofretete zu den großen Berühmtheiten der Staatlichen Museen. Nach langer Irrfahrt kehrte sie 2009 an ihren alten Standort, in das Neue Museum auf der Museumsinsel, zurück.

Die Büste der Gemahlin von Pharao Echnaton besteht aus Kalk- stein mit einem lebensecht bemalten Überzug aus Gips. Offen- bar war das Porträt ein Arbeitsmodell für den Bildhauer

Thutmosis, der nach dieser Vorlage weitere Porträts schaffen sollte. Die „Herrin der Lieblichkeit" starb im Jahre 1338 vor Christus. Gefunden wurde das 48 Zentimeter hohe Porträt bei Ausgrabungen deutscher Archäologen in Amarna, der ehemaligen Residenz des königlichen Paares. Aufgrund von Absprachen zwischen der ägyptischen und der deutschen Regierung gelangte die Büste nach Berlin, wo sie zunächst im Haus des Kunstsammlers und Mäzens James Simon stand, der die Grabungen der Deutschen Orient-Gesellschaft gemeinsam mit weiteren Persönlichkeiten finanziert hatte. Als Nofretete öffentlich gezeigt wurde, löste sie große Begeisterung aus, die bis heute nicht abgeebbt ist.

Bis zum Zweiten Weltkrieg waren Nofretete und ihr Hofstaat sowie weitere Ausgrabungsstücke vom Land am Nil im Neuen Museum ausgestellt. Aus Sicherheitsgründen hat man die Büste und die vielen anderen Kostbarkeiten 1943 verpackt und in Depots in und außerhalb der Reichshauptstadt eingelagert. Nach dem Krieg wurde die schöne Königin in einem deutschen Bergwerk von dem amerikanischen Kunstschutzoffizier Walter Farmer entdeckt. Nach einigen Umwegen gelangten der Kopf und andere Kostbarkeiten in die Obhut der Stiftung Preußischer Kulturbesitz

 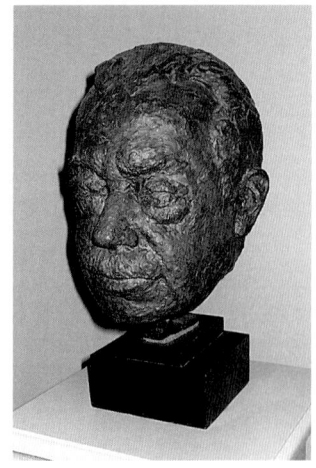

Dass sich James Simon und die altägyptische Königin Nofretete im Neuen Museum auf der Museumsinsel anschauen, hat seinen guten Grund, denn der Berliner Mäzen hatte mit anderen Förderern der Königlichen Museen die Expedition finanziert, in deren Ergebnis die Büste nach Berlin gelangte

im damaligen Westteil Berlins, die sie im Ägyptischen Museum gegenüber dem Schloss Charlottenburg zeigte.

Nach der Wiedervereinigung 1990 und der Zusammenlegung der über beide Stadthälften verteilten Altertümer war klar, dass Nofretete und die anderen Sammlungsstücke an ihren Ursprungsort, die Museumsinsel, zurückkehren sollen. Inzwischen ist Nofretete in einem leicht abgedunkelten Raum des 2009 eröffneten Neuen Museums auf der Museumsinsel ausgestellt. Ihr gegenüber steht als Hommage an den großen Menschenfreund und Mäzen eine Büste von James Simon, dem die Berliner Museen außer der schönen Ägypterin noch viele andere Kunstwerke von Rang verdanken. In der Gemäldegalerie am Kulturforum im Bezirk Tiergarten macht eine weitere Büste auf Simon aufmerksam.

Die Grabungen in Tell el-Amarna, einem abgelegenen Ort am Ostufer des Nil in Mittelägypten, erfolgten aufgrund einer Vereinbarung mit Ägypten, das unter der Herrschaft des mit dem deutschen Kaiser Wilhelm II. befreundeten türkischen Sultans Hamid II. stand. Um sicherzustellen, dass beide Parteien gleichwertige Anteile erhalten, war vereinbart worden, die Fundstücke mit dem ägyptischen Antikendienst zu teilen. So sei es auch geschehen, von einer Täuschung der Ägypter könne keine Rede sein, sie hätten vorab das Material in Augenschein nehmen können und seien mit dem Verfahren einverstanden gewesen, betonen die Staatlichen Museen heute. Sie sehen keinen Grund, die „schönste Berlinerin", wie die Büste der Nofretete manchmal genannt wird, an Ägypten zurückzugeben und ignorieren auch die regelmäßig wiederkehrenden Aufforderung der Ägyptischen Antikenverwaltung, über ihren Verbleib zu verhandeln. Die Teilung sei fair erfolgt, der preußische Staat habe seinerzeit die Büste rechtmäßig erworben, Ansprüche von ägyptischer Seite bestünden nicht. Da die Büste außerordentlich fragil ist, komme auch nicht in Betracht, sie als Leihgabe in Kairo zu zeigen.

NORDLICHTER UND SAUPREUSSEN

Wenn es gegen die kaiserliche Zentralgewalt in Wien ging, waren sich Preußen und Bayern einig. In den gegen Österreich gerichteten Schlesischen Kriegen versicherte sich Friedrich II. nach seiner Thronbesteigung (1740) bayerischer Gefolgschaft, während im Gegenzug Interventionen des Hohen-

zollern dafür sorgten, dass ein Wittelsbacher die Habsburger als Inhaber des römisch-deutschen Kaisertitels ablöste. Rivalitäten und Animositäten zwischen Preußen und Bayern kamen erst im späten 19. Jahrhundert auf.

Während des Deutsch-Französischen Krieges von 1870/71 trug König Ludwig II. von Bayern seinem Onkel Wilhelm I. von Preußen im Namen der deutschen Fürsten die deutsche Kaiserkrone an. Für den sonst auf Autonomie bedachten Schöngeist, der 1866 als Bundesgenosse von Österreich einen Krieg gegen Preußen verloren hatte, war das ein lohnendes Geschäft. „Er weinte und nahm", hieß es über den Bayernkönig, der sich sein Entgegenkommen von Otto von Bismarck mit einer Millionen-Spende vergolden ließ, um den Geldsegen sogleich für seine Schlossbauten zu verwenden. Noch heute danken die Bayern ihrem „Kini" diesen Spleen, bringen die Sehenswürdigkeiten doch viele Touristen und damit viel Geld ins Land.

Erst in der zweiten Hälfte des 19. Jahrhunderts kam es zu einer Veränderung in der preußisch-bayerischen Stimmungslage. In den Münchner Medien wurde Wut auf die „Saupreußen" geschürt, kenntlich an verbaler oder gezeichneter Hetze gegen „kleindeutsche Antichristen", preußischen Zentralismus und schnurrbärtige Militärherrlichkeit. Da man Kaiser Wilhelm II. und sein

Wie sich Berliner in München und Münchner in Berlin während der Kaiserzeit aufführen, war ein beliebtes Thema von Witzen und Karikaturisten. Die Bilder stammen der „Jugend" (1912, Karl Arnold) und dem „Simplizissimus" (1899, Eduard Thöny)

imperiales Gehabe nicht direkt angreifen konnte, nahm man seine Offiziere aufs Korn, äffte ihren abgehackten Kasinoton nach, warf alle „Preußen" als überhebliche, gottlose Kreaturen in einen Topf. Im Gegenzug wurden die früher so liebevoll umgarnten Bayern von den „Nordlichtern" als hinterwäldlerisch und bäurisch verunglimpft, als lederhosenbekleidete Raufbolde und Biersäufer bar jeder feinen Lebensart. Besuchern aus der bayerischen Provinz wurde unterstellt, sich in der Großstadt Berlin nicht zurechtzufinden und auch der hochdeutschen Sprache nicht mächtig zu sein.

Großen Wirbel löste Kaiser Wilhelm II. im Jahre 1891 aus, als er sich ins Goldene Buch der Stadt München mit dem Satz „Suprema lex regis voluntas" eintrug. Die Behauptung, höchstes Gesetz sei der Wille des Königs, rief in Bayern große Empörung hervor, wurde als Provokation und Ausdruck kaiserlichen Machtanspruchs gegenüber der Souveränität Bayerns als einem der wichtigsten deutschen Bundesstaaten empfunden. Man konnte die Formulierung aber auch anders verstehen, denn der seit 1886 als Nachfolger des im Starnberger See ertrunkenen „Märchenkönigs" Ludwig II. nominell regierende, de facto aber von allen politischen Angelegenheiten abgeschnittene König Otto war dem Wahnsinn verfallen. Danach würde, wenn man Wilhelms II. Äußerung wörtlich nimmt, ein Irrer erster Mann in Bayern sein. Außerdem hatte der Kaiser die dort festgeschriebene konstitutionelle Monarchie angegriffen und kundgetan, dass für ihn das Wort gewählter Volksvertreter nichts gilt. Natürlich war der Vorstoß kalkuliert, denn die unbotmäßigen Bayern sollten gedemütigt werden. „Na warte Wittelsbach! Du sollst noch das Reich achten und kennenlernen", schrieb der Kaiser im Jahr 1900 an den Rand eines Gesandtschaftsberichts.

Selbstverständlich haben es die Bayern dem Kaiser heimgezahlt, indem sie sich vom fernen München aus über sein großpreußisches Säbelrasseln und seine theaterhafte Selbstdarstellung lustig machten. Wie weit die Abneigung gegen alles, was mit Preußen zu tun hatte, in Süddeutschland und speziell in Bayern ging, zeigt die Anfertigung von Schießscheiben. Sie erlaubten es, ungestraft auf die ungeliebten, dazu noch protestantischen Konkurrenten nördlich des „Weißwurstäquators" zu feuern, was eigentlich alles sagt.

OLYMPIABEWERBUNG ENDETE
MIT SCHULDENBERG

Dreimal hat sich Berlin um die Olympischen Spiele bemüht, nur einmal, nämlich 1936, wurden sie an der Spree ausgetragen. Die für 1916 geplante Olympiade fiel wegen des Ersten Weltkriegs aus, und die 1991 mit großem Werbeaufwand beim Internationalen Olympischen Komitee eingereichte Bewerbung für 2000 scheiterte mit einem großen Schuldenberg.

Von Vereinigungsproblemen gestresst, befürchteten die sonst recht begeisterungsfähigen Berliner, dass die Hauptstadt für ein solches Sportspektakel nicht reif ist. Wiedervereinigung und Vorbereitung auf die Olympiade im Jahr 2000 waren offenbar zu viel. Entgegen der Ankündigung von Politikern, die die Spiele allzu gern nach Berlin geholt hätten, um damit die zusammenwachsende Hauptstadt aufzuwerten, war fraglich, ob der Ausbau des durch die Teilung gestörten Verkehrswesens, der Straßen und der Infrastruktur bis zur Eröffnung so schnell zu realisieren ist. Dann stand die Furcht im Raum, das Sportspektakel könnte zu teuer werden und die Investitionen könnten sich nicht amortisieren. Ein riesiger Schuldenberg wurde der Stadt vorausgesagt.

Die von Olympiagegnern unter dem Motto „NOlympia" zum Teil ziemlich militant vorgetragene Skepsis hatte ihre Gründe, denn die Bewerbung wurde in einer Situation abgegeben, die zwischen Euphorie und Depression hin- und herschwankte. Gerade erst vollzog sich der Übergang von Legislative und Exekutive von Bonn nach Berlin, wo mit riesigem Aufwand Parlaments- und Regierungsbauten für die Neuankömmlinge hergerichtet wurden. Unklar war damals, wie hoch die Kosten der Wiedervereinigung sein werden. Angezweifelt wurden optimistische Kosten-Nutzen-Schätzungen, zu wenig glaubhaft waren auch die Beteuerungen des Senats, Bau und Umbau der Sportstätten würden „rein privat" finanziert. Als wenig hilfreich erwiesen sich schließlich Praktiken der eigens geschaffenen Olympia GmbH, die in Finanzskandale verwickelt war und für peinliche Schlagzeilen sorgte.

Der Unwille der Mehrheit der Berliner, die Olympiabewerbung zu unterstützen, und das ungeschickte Taktieren der politischen Verantwortungsträger in Bund und Stadt blieben natürlich dem Internationalen Olympischen Komitee (IOC) nicht verborgen. Es hatte allen Grund zur Annahme, dass es Störungen geben wird. Ein „Anti-Olympia-Komitee" kündigte Anfang 1992 dem IOC eine heiße Zeit an, sollte es für Berlin stimmen. „Machen Sie sich auf etwas gefasst: Wilde Horden und disziplinlose Banden stellen wir gratis, sie werden Ihren Aufenthalt zu einem prickelnden Erlebnis machen." Indem die Olympiagegner dem Gremium einen Silberdoller schickten mit dem Hinweis, sich wie andere an der Bestechung zu beteiligen, baten sie um Rücksendung der Münze für den Fall, „dass Sie keine Lust auf Abenteuer haben und sich um ihr altersschwaches Herz sorgen und deshalb gegen Berlin stimmen".

Das IOC entschied sich im September 1993 gegen Berlin und sprach sich für das australische Sydney aus. Berliner Olympiagegner feierten die Entscheidung im Tränenpalast, der einstigen Grenzübergangsstelle am Bahnhof Friedrichstraße (siehe S. 159), mit einer ausgelassenen NOlympia-Party. Außer Spesen nichts gewesen, stellte der Landesrechnungshof zwei Jahre später fest und rügte die Verschwendung öffentlicher Gelder im hohen zweistelligen Millionenbereich. Die Versenkung von Millionen bei der katastrophal geendeten Olympiabewerbung brachte Berlins Regierenden Bürgermeister Eberhard Diepgen in Bedrängnis. Doch konnte er sich geschickt aus der Affäre ziehen, und schon bald war von dem teuren Desaster nicht mehr die Rede. Es sollte erwähnt werden, dass sich Leipzig und Rostock 2003 vergeblich um die Ausrichtung der Olympischen Spiele 2012 bewarben und auch dieser von namhaften Bundes- und Landespolitikern unterstützte Versuch in einem teuren Fiasko endete. Eine Analyse ergab unter anderem, dass ehemalige Stasileute an dubiosen Geldgeschäften beteiligt waren.

PREUSSENRENAISSANCE IRRITIERTE BRUDERLÄNDER

Preußen war in der DDR ein heikles Thema, durchsetzt mit Vorurteilen und Tabus. Dies war zumindest in der Propaganda und im Schulunterricht der Fall, wo lange das Bild landgieriger, verschwenderischer Monarchen, bluttriefender Generale, stockschwingender Korporale und räuberischer Krautjunker gepflegt wurde. Erst in der Endphase der DDR wandelte sich das Bild. Es wurde sogar von einer Preußenrenaissance gesprochen, und die kam in den sozialistischen Bruderländern nicht gut an.

Es dauerte lange, bis in der DDR ein differenziertes Geschichtsbild abseits der lange betriebenen Schwarz-Weiß-Malerei möglich wurde. Seriöse Untersuchungen aus der Feder führender DDR-Historiker standen jedoch plumper Propaganda gegenüber, die bis heute da und dort nachwirkt.

Im Verhältnis der SED zum Thema Preußen gab es 1980 so etwas wie eine Wende. Zu allgemeiner Verwunderung wurde das in den 1950er Jahren in den hinteren Teil des Parks von Sanssouci abgeschobene Denkmal Friedrichs des Großen wieder Unter den Linden in Berlin aufgestellt (siehe S. 16). Partei- und Staatschef Honecker hatte sich im Politbüro gegen Bedenkenträger durchgesetzt und verkündete als Ziel der Staatspartei, „den Reichtum materieller und geistiger Werte der sozialistischen Kultur" umfassend mehren zu wollen und dabei auch das geschichtliche Erbe zu nutzen. Da diese Hinterlassenschaft mehr war als der Bauernkrieg von 1525 und auch nicht bei Marx und Engels beginnen konnte, bei der 1848er Revolution oder dem Kampf der Arbeiterbewegung gegen Bismarcks Sozialistengesetz, mussten andere Perioden und auch historische Persönlichkeiten genauer unter die Lupe genommen werden. Damals schlug die Stunde der Landeskunde und Regionalgeschichte, die auch, was Preußen betraf, Neuigkeiten ans Tageslicht brachte. Das DDR-Fernsehen

Vor dem Charlottenburger Schloss hält Friedrich der Große Wache. Das Denkmal ist ein Bronzeabguss einer Marmorfigur, die Johann Gottfried Schadow geschaffen hat.

strahlte sogar eine mehrteilige Serie unter dem Titel „Sachsens Glanz und Preußens Gloria" aus, und große Kunst- und Geschichtsausstellungen mühten sich um eine über engstirnige Parteilichkeit hinausgehende Betrachtungsweise.

Indem Honecker und Genossen mit Blick auf Friedrich II. und andere Hohenzollern gewisse positive Seiten der preußischen Geschichte betonten, provozierten sie kritische Fragen etwa bei den polnischen Freunden, die daran erinnerten, dass sich der Preußenkönig und sein Nachfolger Friedrich Wilhelm II.

Ende des 18. Jahrhunderts gemeinsam mit Russland und Österreich weite Landesteile des ehemaligen polnischen Königreichs angeeignet hatten. Diese Polnischen Teilungen sind in unserem Nachbarland bis heute nicht vergessen!

Angetreten war die KPD und – ab 1946 – die SED mit der Verteufelung des preußischen Militarismus und deutschen Imperialismus. Die Auflösung des Staates Preußen 1947 durch die alliierten Siegermächte war damit begründet worden, dass er „seit jeher" Träger des Militarismus und der Reaktion gewesen sei. In dieser Sicht wirkten Traditionen der Arbeiterbewegung fort, die in königlicher und kaiserlicher Zeit arg unter staatlicher Repression und Ausgrenzung zu leiden hatte und die Hohenzollernmonarchie und ihre Stützen als Feind Nummer 1 betrachtete. Von dort führte gedanklich eine gerade Linie vom schwarzen Preußenadler zum Reichsadler mit dem Hakenkreuz in den Krallen. Die Verbindung war nicht aus der Luft gegriffen, sahen sich Hitler und seine Anhänger doch als Testamentsvollstrecker Friedrichs des Großen und Bismarcks an.

Nach dem Zweiten Weltkrieg wurde durch Bilderstürmerei und Propaganda versucht, die Erinnerung an Preußen zu tilgen. Prominente Opfer dieser geistigen und materiellen Flurbereinigung waren die Stadtschlösser in Berlin und Potsdam sowie zahllose Herrenhäuser und bedeutende Kirchen wie die Garnisonkirche in Potsdam, wo am 18. März 1933, wenige Wochen nach Errichtung der NS-Diktatur, über den Gräbern Friedrich Wilhelms I. und Friedrichs II. vom Reichspräsidenten Hindenburg und dem neuen Reichskanzler Hitler der Schulterschluss von „Altem Geist und neuer Kraft" beschworen worden war. Um das Andenken an Otto von Bismarck zu tilgen, wurden in der DDR nicht nur zahlreiche Bismarck-Denkmäler und -Türme abgerissen, sondern auch das Gutshaus in Schönhausen (Sachsen-Anhalt), in dem der Kanzler 1815 geboren wurde, dem Erdboden gleichgemacht. In einem Seitengebäude wird eine Bismarck-Ausstellung gezeigt.

Nach der Entmachtung des sächsischen Preußenhassers Walter Ulbricht im Jahr 1971, vollzog sein Nachfolger Erich Honecker eine vorsichtige Neuorientierung. Marksteine auf diesem Weg differenzierterer Preußen-Rezeption waren die Biographien Friedrichs II. von Ingrid Mittenzwei im Jahr 1979 und die großen Ausstellungen über Friedrich II. und den Großen Kurfürsten Friedrich Wilhelm 1986 und 1988 im Potsdamer Neuen Palais. Aufmerksam wurde dabei registriert, dass diese Ausstellungen auch mit Leihgaben aus dem Westen bestückt waren. Diese Aktivitäten gingen einher mit Mühen um das architektonische Erbe, übrigens in Übereinstimmung mit Tendenzen in der Bundesrepublik Deutschland, wo man das Abreißen und moderne Erneuern langsam aufgab und zum flächendeckenden Denkmalschutz überging. Während preußische Bauwerke von Rang wie Schinkels Schauspielhaus oder das Ephraimpalais in Berlin aufgebaut wurden, weil mit ihnen allerhand Staat zu machen war, ließ die SED ganze Altstädte verfallen oder abreißen, um mit Plattenbauten schnell viel Wohnraum zu schaffen und sich als ein Staat mit moderner Baukultur darzustellen.

PRINZEN AN DER LANGEN LEINE

Preußischer Prinz zu sein, war eine komfortable Stellung, konnte aber auch mit manchen Nachteilen bis zur Beschränkung der persönlichen Bewegungsfreiheit oder der Verpflichtung verbunden sein, eine bestimmte Frau zu heiraten. Unterordnung unter den Willen des Regenten und damit Oberhaupt des Hauses Hohenzollern war oberstes Gebot. Wer sich nicht danach richtete wurde gemaßregelt oder zum Schweigen gebracht. Prinz August Wilhelm, ein jüngerer Bruder Friedrichs II., bekam die Folgen dieses Gesetzes zu spüren und zerbrach daran.

Ungeachtet verbaler Freundlichkeiten war das Verhältnis Friedrichs des Großen zu seinen jüngeren Brüdern August Wilhelm, Heinrich und Ferdinand schwierig und selten von echtem herzlichem Einvernehmen geprägt. Der sich feinsinnig und tolerant gebende „Philosoph auf dem Thron" konnte freundlich, jovial, großzügig und offen sein. Gelegentlich aber wurde er sehr ausfallend und despotisch, wenn ihm etwas bei seinen Brüdern missfiel oder sie mit ihm konkurrierten. Dieses Hin- und Herspringen, dieses Wechselbad der Gefühle hat er vielleicht von seinem Vater, dem Soldatenkönig Friedrich Wilhelm I., geerbt (siehe S. 17).

Von seinen Brüdern hatte Friedrich II. keine gute Meinung, mit ihnen ging er subtil und berechnend um. „Es gibt eine Art Zwitterwesen, die weder Herrscher noch Privatleute sind und die sich bisweilen sehr schwer regieren lassen: Das sind die Prinzen von Geblüt", schrieb der König in seinem Politischen Testament von 1752. „Ihre hohe Abstammung flößt ihnen einen gewissen Hochmut ein, den sie Adel nennen. Er macht ihnen den Gehorsam unmöglich und jede Unterwerfung verhasst. Sind irgendwelche Intrigen, Kabalen und Ränke zu befürchten, von ihnen können sie ausgehen. In Preußen haben sie weniger Macht als irgendwo sonst. Aber das beste Verfahren ihnen gegenüber besteht darin, dass man den ersten, der die Fahne der Unabhängigkeit erhebt, energisch in seine Schranken weist, alle mit der ihnen gebührenden Auszeichnung behandelt, sie mit allen äußeren Ehren überhäuft, von den Staatsgeschäften aber fernhält und ihnen nur bei genügender Sicherheit ein militärisches Kommando anvertraut, das heißt, wenn sie Talent und einen zuverlässigen Charakter besitzen".

Die Erziehung preußischer Prinzen oblag strengem Reglement und hatte wenig mit Liebe und Zuwendung zu tun. Daniel Chodowiecki schildert auf dem Kupferstich, wie sich 1730 ein im Köpenicker Schloss tagendes Kriegsgericht weigert, über den fahnenflüchtigen Kronprinzen Friedrich ein Urteil zu sprechen.

Offenbar meinte der König damit vor allem seinen nominellen Nachfolger August Wilhelm. Der am 9. August 1722 in Berlin geborene Prinz war das elfte Kind des Soldatenkönigs Friedrich Wilhelms I. und seiner Gemahlin Sophie Dorothea von Braunschweig-Lüneburg. Die Thronfolgefrage war heikel, weil es in der Familie des kinderreichen Soldatenkönigs mehr Töchter als Söhne gab. Diese aber wurden gebraucht, um Erbfolgefragen regeln zu können. Ihretwegen hat man im damaligen Europa schreckliche Kriege geführt.

Da sich August Wilhelm im Gegensatz zu seinem älteren Bruder Friedrich schon als Kind fürs Militärische interessierte und sich ansonsten wohl auch als umgänglicher und leichter lenkbar erwies, wurde er der Liebling des kränkelnden Vaters. Der traute ihm mehr zu als den anderen Brüdern, und das ließ er diese auch spüren.

Während August Wilhelm noch beim Vater auf dem Schoß ritt, spitzte sich die Beziehung des heranwachsenden Friedrich zu diesem zu. Friedrich Wilhelm I., ganz dem Soldatischen verpflichtet, hielt von den musischen und geistigen Interessen seines Ältesten überhaupt nichts, verbot ihm diese „Flausen". August Wilhelm war noch zu jung, um zwischen dem auch in der Familie despotisch regierenden Vater und seinem dagegen opponierenden Bruder Friedrich zu vermitteln. Das schaffte nicht einmal die Mutter. So blieb die Katastrophe nicht aus. Im Siebenjährigen Krieg gerieten Friedrich II. und August Wilhelm wegen Differenzen bei der Kriegführung aneinander. Der Prinz wurde von seinem königlichen Oberbefehlshaber wegen angeblicher Unfähigkeit beschimpft und seines militärischen Postens enthoben. Er starb 1758 angeblich an gebrochenem Herzen.

Kronprinz Friedrichs Fluchtversuch aus Preußen gemeinsam mit dem Leutnant Hans Hermann von Katte im August 1730 geriet zu einem Fiasko. Der königliche Vater vermutete ein Komplott, in das England verwickelt war. Friedrich Wilhelm I. war über die Desertion, die damals einem Flüchtling normalerweise sofort den Kopf gekostet hätte, so erbost, dass er ein Kriegsgericht einberief, das über den Kronprinzen und Katte urteilen sollte. „Gott bewahre alle ehrlichen Leute vor ungeratenen Kindern. Es ist ein groß chagrin (Kummer, Betrübnis, H. C.), doch ich habe vor Gott und der Welt ein reines Gewissen", erklärte Friedrich Wilhelm I. seinem Freund, dem Fürsten Leopold von Anhalt-Dessau. Auf königlichen Befehl wurde Katte in Küstrin vor den Augen seines Freundes geköpft. Das Kriegsgericht und ein schreckliches Urteil erwartend, schrieb der Kronprinz an seine Schwester Wilhelmine. „Wenn man nicht in allen Punkten der Meinung des Herrn (also des Soldatenkönigs, H. C.) ist, so ist man eben Erzketzer". Das schreckliche Erlebnis hatte eine solch schlimme Wirkung auf den Schöngeist und Flötenspieler Friedrich, dass er zum Menschenverächter und Despot auch in der eigenen Familie wurde, wie Historiker wissen wollen. Nach den Prozessakten wird 2011/12 der Fall neu aufgerollt und publiziert.

Die Vorbereitung auf das Amt des Landesherrn war sorgfältig und streng, aber selten kindgerecht. Für die Auswahl der Prinzenerzieher waren Festigkeit im Glauben und Treue zur Krone wichtiger als pädagogische Fähigkeiten. Im Geheimen Staatsarchiv Preußischer Kulturbesitz befindliche Erziehungspläne und „Vermahnungen" sahen ein strenges Reglement für die schon mit zehn Jahren zu Offizieren ernannten Prinzen vor. Die Hauslehrer gehörten oft zu den führenden Gelehrten ihrer Zeit. Geistiger und körperliche Drill im Kindesalter hatte nicht selten negative Auswirkungen auf die Regierungspolitik der solcherart verbogenen Monarchen. Für diese „Domestiken" war es nicht leicht, die Sprösslinge des Hauses Hohenzollern heranzubilden. Außerdem: liebevolle Zuwendung, die jedes Kind braucht, war nicht vorgesehen. Väter und Mütter waren für die Kinder häufig unerreichbar. Disziplin, Anpassung und absolute Unterordnung unter den

Eine vom Prinzen Heinrich im Rheinsberger Schlosspark errichtete Pyramide erinnert an den Prinzen August Wilhelm von Preußen und weitere Militärs

elterlichen Willen waren oberstes Gebot. Strenge Direktiven engten den Spielraum der zivilen und militärischen Prinzenerzieher ein. Da blieben Konflikte nicht aus. Über Prinz Friedrich ist bekannt, dass er sich mit einiger Finesse der strengen Reglementierung seines Vaters zu entziehen wusste und heimlich französische Bücher las und auf der Flöte spielte. Als der Vater merkte, dass sein Plan zur Erziehung zu Gottesfürchtigkeit und absolutem Gehorsam unterlaufen wurde, schwang er den Knüppel.

Vom späteren Kaiser Wilhelm II. ist bekannt, dass seine als „liberal" geltenden Eltern, die 1888 kurzzeitig als Friedrich III. und Victoria kaiserliche Würden erlangten, einen schier unmenschlichen körperlichen Drill für ihren durch eine frühkindliche Verletzung am linken Arm behinderten Sohn verfügten. Dass Wilhelm II. diese schlimmen Erlebnisse durch sein ewiges Säbelrasseln und Schwadronieren zu kompensieren suchte, war nur folgerichtig.

QUADRIGA FUHR IMMER STADTEINWÄRTS

Dass die aus Kupferblech geformte Göttin mit ihrem Viergespann auf dem Brandenburger Tor nicht nur stadteinwärts gefahren sei, sondern auch stadtauswärts, gehört zu den langlebigen Irrtümern der in dieser Hinsicht nicht armen Berliner Geschichte. Auch sonst ranken sich um Johann Gottfried Schadows berühmtes Bildwerk manche Legenden.

Die Geschichte von der in Richtung Tiergarten „umgedrehten" Quadriga geht auf ein um 1864 entstandenes Gemälde zurück, das sie, fälschlicherweise ihren Rücken der Stadt zukehrend, präsentiert. Obwohl die Göttin und ihre vier Pferde nie anders als stadteinwärts geblickt haben, zeigt das auch heute gelegentlich kolportierte Beispiel, dass ein einmal aufgebrachtes Gerücht recht langlebig sein kann. Schadow hatte die geflügelte Wagenlenkerin als Eirene, das heißt als Friedensgöttin, entworfen. Denn das 1789 und 1791, in der Regierungszeit Friedrich Wilhelms II., nach Plänen von Carl Gotthard Langhans errichtete klassizistische Tor war als Porta pacis, als Friedenstor, konzipiert, worauf der vom Künstler gestaltete bildhauerische Schmuck deutet.

Nach den Befreiungskriegen von 1813 bis 1815 wurde in den leeren Kranz, den die Göttin mit der rechten Hand an einer langen Stange hält, das von Friedrich Wilhelm III. gestiftete Eiserne Kreuz montiert mit dem gekrönten preußischen Adler obenauf. Aus dem Friedenstor war ein Siegestor geworden, und immer wenn ein Sieg gefeiert wurde, was auch immer man darunter verstand, zogen Truppen und Demonstranten durch die fünf Tor-

Im Märkischen Museum am Köllnischen Park ist ein originaler Pferdekopf aus dünnem Kupferblech erhalten, der den Beschuss 1945 überstanden hat

öffnungen. So war es auch am Abend des 30. Januars 1933, als Adolf Hitler, der Führer der NSDAP, Reichskanzler wurde. Am Ende des Zweiten Weltkriegs stark beschädigt, hat man das Brandenburger Tor in den 1950er Jahren restauriert. Die kupferne Quadriga wurde in Westberlin von der bekannten Bildgießerei Noack nach originalgroßen Gipsabgüssen neu geformt. Doch als sie 1958 aufgestellt werden sollte, ließ der Ostberliner Magistrat heimlich das Eiserne Kreuz aus dem Eichenkranz sägen und den Preußenadler entfernen. Beide Symbole kamen ins Märkische Museum unter Verschluss. Sie waren für die Kommunisten unerträglich, weil sie mit ihnen Krieg und Militarismus in Verbindung brachten. Kreuz und Adler kehrten erst nach der Wiedervereinigung zurück, nachdem die in der Silvesternacht 1989/90 von übermütigen Berlinern beschädigte Quadriga in einer Werkstatt des Deutschen Technikmuseums in Kreuzberg umfassend restauriert wurde.

Schadow erwähnte in seinen Lebenserinnerungen „Kunstwerke und Kunstansichten" (1849) sein wohl populärstes Werk nur mit wenigen Worten, vielleicht war es ihm auch nicht so wichtig wie andere Arbeiten, mit deren Entstehungs- und Wirkungsgeschichte er sich ausführlicher befasste. „Das Modell zur Quadriga wurde mir aufgetragen: dieses und das fortwährend besprochene Denkmal des Großen Königs (Friedrich II., H. C.) regten mich gar ernsthaft an, den Blick auf die Gestaltung des Pferdes zu richten. Um die Bewegung desselben, fürs erste nur im Schritt, kennenzulernen, wurde einer der Beamten im Königlichen Marstalle angewiesen, so zu reiten, dass ich darnach Zeichnung nehmen konnte. [...] Zu der geflügelten Göttin auf dem Triumphwaren entwarf ich eine kleine Skizze. Diese Figur wurde dem Klempnermeister Gerike in Potsdam übertragen, der sich dabei überaus geschickt benahm, was sich dadurch bewährt, dass diese Figur den Stürmen Widerstand leistet".

An der Ausführung der Kupfertreibarbeit waren mehrere Potsdamer Kunsthandwerker beteiligt. Angeblich soll der Kupferschmied Emanuel Jury seine Nichte Friederike zum Modell für die Göttin genommen haben, eine Behauptung, die sich wie die der „umgedrehten" Quadriga bis heute hält. Das Gerücht wurde von einer gewissen Elise Schmidt in einem 1888 veröffentlichten Buch aufgestellt. Als Enkelin jener Friederike Jury hatte sie ein Interesse daran, Glanz auf das Haupt des Potsdamer Kupferschmieds und damit wohl auch auf das eigene zu lenken. Dabei übersah sie, dass Emanuel Jury mit der Fertigstellung der Treibarbeit in Verzug geraten war, weshalb sie seinem Kollegen Koehler (nicht Gerike, wie Schadow schreibt) übertragen wurde.

Johann Gottfried Schadow und andere Berliner mussten im Oktober 1806 zusehen, wie Kaiser Napoleon I., der Sieger der Schlacht von Jena und Auerstedt zwischen Preußen und Frankreich, durchs Brandenburger Tor ritt und kurz darauf die Demontage der Quadriga befahl. Dabei ignorierten die Besatzer die Bitte des Bildhauers, im Interesse der empfindlichen Figurengruppe aus dünnem Kupferblech auf den Abbau zu verzichten. In Paris wollte Napoleon die Trophäe auf einem Triumphbogen aufstellen, kam aber nicht dazu. Erst nach seiner Niederlage in der Völkerschlacht bei Leipzig (1813) und dem Einmarsch der Verbündeten in Paris (1814) konnte der kupferne Torschmuck wieder die Heimreise antreten. Die Rückkehr im Frühjahr 1814 gestaltete sich zu einem Triumphzug und ist auf einer Terrakottatafel an der Fassade des Roten Rathauses sowie auf dem Sockel des Blücherdenkmals im Prinzessinnengarten an der Straße Unter den Linden in Berlin dargestellt. Die Berliner hatten allen Grund zur Freude, empfanden sie doch die Entführung der Plastik stets als Erniedrigung. Der leere Dorn aus Eisen, an dem die Figurengruppe auf dem Brandenburger Tor befestigt war, wirkte auf sie wie ein Pfahl im Fleische und eine ständige Aufforderung, ihre Rückkehr zu fordern.

Ein kleines Relief am Sockel des Blücherdenkmals im Prinzessinnengarten Unter den Linden schildert die Rückkehr der Quadriga 1814 aus Paris nach Berlin

Erwähnt sei ein wenig bekanntes Kuriosum, dass nämlich eines der geraubten Pferde vom Brandenburger Tor als Vorlage für ein Reiterdenkmal des französischen Königs Heinrich IV. in Paris diente. Nach der Abdankung Napoleons I. bestieg Ludwig XVIII., der Bruder des 1793 hingerichteten Bourbonenkönigs Ludwig XVI., den französischen Thron. Anlässlich seines Einzugs in die französische Hauptstadt im Mai 1814 sollte ihn eine Nachbildung des in der Revolution beseitigten Reiterdenkmals Heinrichs IV. aus bronziertem Gips erfreuen. Preußens König Friedrich Wilhelm III. stimmte zu, eines der Schadowschen Pferde für diesen Zweck zu verwenden. So kam es, dass in Paris ein französischer König auf einem preußischen Gaul saß.

RÄUBERBANDEN VERBREITETEN ANGST UND SCHRECKEN

Mordbrenner verbreiteten vor 200 Jahren in der Umgebung von Berlin Angst und Schrecken, und einer ihrer Anführer war Johann Peter Horst. Der Sohn eines Pferdehirten und seine Kumpanen hatten es auf die Habe von Bauern, Pfarrern und Gutsbesitzern abgesehen.

Nach eingehender Observation ihrer Opfer steckten die Räuber Häuser und Ställe an, und wenn die Gebäude gelöscht wurden, stahlen sie im allgemeinen Durcheinander, was ihnen wertvoll erschien. Um die Räuber und ihre Banden rankten sich die unglaublichsten Geschichten, sie waren Tagesgespräch in Berliner Cafés und auf Jahrmärkten. Kein Geringerer als der Dichter Heinrich von Kleist berichtete in den von ihm redigierten „Berliner Abendblättern" von den Untaten, wobei er Informationen direkt aus dem Berliner Polizeipräsidium nutzte. „Durch den königlichen Präsidenten der Polizei, Herrn Gruner, der jedes Unternehmen gemeinnütziger Art mit so vieler Güte und Bereitwilligkeit unterstützt, sind wir in den Stand gesetzt, in solchen Extrablättern, als hier das Erste erscheint, über Alles, was innerhalb der Stadt, und deren Gebiet, in polizeilicher Hinsicht, Merkwürdiges und Interessantes vorfällt, ungesäumten, ausführlichen und glaubwürdigen Bericht abzustatten: dergestalt, daß die Reihe dieser, dem Hauptblatt beigefügten Blätter, deren Inhalt wir auch mit statistischen Nachrichten aus den Provinzen zu bereichern hoffen dürfen, eine fortlaufende Chronik, nicht nur der Stadt Berlin, sondern des gesammten Königreichs Preußen, bilden werden".

Der zum Polizeireporter mutierte Dichter ließ dieser Ankündigung vom 1. Oktober 1810 sogleich diese Meldung folgen: „Gestern Abend sind im Dorf Alt=Schönberg 3 Bauerhöfe mit sämmtlichen Nebengebäuden abgebrannt. Das Feuer ist in der Scheune des Schulzen Willmann ausgekommen, und zu gleicher Zeit ist ein ziemlich entfernter, gegenüber stehender Rüsternbaum in Brand gerathen, welches die Vermuthung begründet, daß das Feuer angelegt ist." In einer anderen Beilage wird berichtet, dass einer der Verbrecher der Polizei durch Zufall in die Hände fiel, als er leichtsinnigerweise eine Pfeife rauchte, die als einem der Bestohlenen gehörig erkannt wurde.

Die regelmäßige Information über Verbrechen aller Art stieß auf großes Interesse. Dennoch war dem erstmals am 1. Oktober 1810 publizierten Journal kein langes Leben beschieden. Bereits im Frühjahr 1811 musste der Verleger Julius Eduard Hitzig das Erscheinen der „Berliner Abendblätter" einstellen, nicht zuletzt weil die Zensurbestimmungen die Berichterstattung erschwerten.

Die zumeist spärliche Beute der Horst'schen Bande – hier einige Taler, dort ein paar Silberlöffel – stand in keinem Verhältnis zu dem immensen Schaden, der bei den Brandanschlägen entstand. Nicht nur Wohn- und Wirtschaftsgebäude wurden zerstört, denn da sich die Anschläge vielfach im Spätsommer abspielten, ging oft

Wer auf Reisen ging, musste damit rechnen, von Straßenräubern überfallen zu werden, Kupferstich von Daniel Chodowiecki

In der Polizeihistorischen Sammlung am Platz der Luftbrücke 6 sind Mordwerkzeuge, eingeschlagene Schädel und andere Zeugnisse der Berliner Kriminalgeschichte ausgestellt

auch die Ernte in Flammen auf. Dass sie auf diese Weise viele bäuerliche Existenzen vernichteten, hat den Mordbrenner und seine Kumpanen offenbar wenig interessiert.

Es sollte noch gut zwei Jahre dauern, bis das Verbrecherduo selbst Opfer der Flammen wurde. Johann Peter Horst und seine Geliebte und Kumpanin Luise Friederike Delitz wurden 1813 nach einem Aufsehen erregenden Prozess unter allgemeinem Zulauf der Bevölkerung in der Jungfernheide öffentlich verbrannt. Sicher hätte Kleist darüber berichtet, wäre ihm ein längeres Leben beschieden gewesen.

Auch später machten Serienmörder, Einbrecher, Hochstapler, Attentäter und Straßenräuber von sich reden. Die Berliner Kriminalgeschichte ist voll von solchen Fällen und in zahllosen Büchern dokumentiert. Nach dem Ersten Weltkrieg sorgten spektakuläre Einbrüche der Brüder Sass für Aufsehen, und nach dem Zweiten Weltkrieg ging die Gladow-Bande abwechselnd im West- und im Ostteil der Stadt auf Tour. Aus ärmlichen Verhältnissen stammend, hatten Franz und Erich Sass schon als junge Burschen Bekanntschaft mit dem Jugendamt und der Polizei gemacht. Sie verlegten ihr Interesse Mitte der 1920er Jahre auf die „Geldbeschaffung" mit Hilfe modernster technischer Methoden. So verwendeten sie Schneidbrenner zum Öffnen von Banktresoren. Nach fehlgeschlagenen Versuchen gelang es ihnen Anfang 1929, in die Stahlkammer der Diskontobank am Wittenbergplatz einzudringen. Nachdem sie von einem Nachbarhaus aus einen Tunnel zum Keller der Bank gegraben hatten, ohne dass das jemand bemerkte, gelangten sie durch einen Luftschacht in den Tresorraum, wo sie fast alle Schließfächer aufbrachen und ausräumten. Die Beute des Einbruchs wurde auf über zwei Millionen Reichsmark geschätzt. Der Coup erregte großes Aufsehen. Zwar hatte die Polizei die Brüder Sass im Visier, doch konnte sie ihnen nichts nachweisen. Ohne rot zu werden, trugen die Einbrecher ihren Reichtum zur Schau, genossen den Ruhm als eine Art Robin Hood im Doppelpack. 1932 verließen sie Deutschland und gingen nach Dänemark, wo sie weitere Raubzüge veranstalteten, die ihnen jedoch zum Verhängnis wurden. Man konnte sie fassen und verurteilte sie 1934 zu vier Jahren Gefängnis. Nach ihrer Haftentlassung 1938 an das Deutsche Reich ausgeliefert, in dem mittlerweile die Nationalsozialisten an der Macht waren, wurde ihnen erneut der Prozess gemacht. Zu 13 und elf Jahren Zuchthaus verurteilt, kamen Franz und Erich Sass ins Konzentrationslager Oranienburg, wo sie am 27. März 1940 ermordet wurden. Eine kurze Zeitungsnotiz behauptete, sie seien „bei Widerstand" erschossen worden. Tatsächlich wurden sie auf „Befehl des Führers" erschossen, wie man auf einem Dokument in der Polizeihistorischen Sammlung lesen kann, die am Platz der Luftbrücke 6 in Berlin-Tempelhof untergebracht ist und ausführlich über mehr oder weniger spektakuläre Kriminalfälle und die Arbeit der Polizei früher und heute berichtet und dabei unter anderem Einbrecher- und Mordwerkzeuge, Verbrecheralben, eingeschlagene Schädel, Uniformen und andere Hinterlassenschaften aus zweihundertjähriger Berliner Polizeigeschichte zeigt.

Den Tod durch das Fallbeil erlitt Werner Gladow, Chef und Namensgeber einer berüchtigten Einbrecherbande, die im Nachkriegsberlin ihr Unwesen trieb. Als Jugendlicher träumte er von einem Leben wie der berüchtigte US-Ganove Al Capone und warb für seine Einbrüche junge Leute an, die ähnlich dachten wie er und sich durch allerlei Diebstähle über Wasser hielten. Gladow nutzte unklare Verhältnisse in der Viersektorenstadt und mangelnde Zusammenarbeit der Behörden über die Zonengrenzen hinweg für seine Zwecke aus. Nach Überfällen im Westteil der Stadt mit erbeuteten Waffen setzte er sich in den Ostsektor ab und ging auch umgekehrt vor. In angemieteten Wohnungen und auf

Trümmergrundstücken wurde die Beute versteckt. Jederzeit fanden sich Hehler und Käufer, denn es wurde alles gebraucht und alles zu Geld gemacht.

Werner Gladow war gerade 18 Jahre alt, als ihn eines seiner Bandenmitglieder verriet. Nach einem spektakulären Feuergefecht mit der Polizei in der Wohnung seiner Eltern im Bezirk Friedrichshain festgenommen, wurde ihm der Prozess gemacht, der für ihn und zwei seiner Kumpanen mit dem Todesurteil endete. Anfang Dezember 1950 wurde es in Frankfurt an der Oder vollstreckt. Die Brüder Sass und Werner Gladow avancierten später zu Filmhelden, so wie auch das Treiben manch anderer Verbrecher. Erwähnt sei der unter dem Decknamen Dagobert agierende Kaufhauserpresser Arno Funke, der vor und nach 1990 die Berliner Polizei narrte und 1994 gefasst wurde. Nach sechseinhalb Jahren Haft begann er als Buchautor, Satiriker und Karikaturist ein neues Leben. Auch dieser Fall ist in der Polizeihistorischen Sammlung dokumentiert.

ROLAND DER RIES ALS RITTER DES RECHTS

Viele Städte der Mark Brandenburg und darüber hinaus besitzen eine Rolandfigur. Auch in Berlin stand ein solcher „Ritter des Rechts". An ihn erinnert eine Nachbildung am Eingang des Märkischen Museums. Neuerdings ist der Kopf mit „Donnerkraut" bedeckt.

Aus Muschelkalkstein gefertigt, ist die 5,33 Meter hohe Ritterfigur mit Plattenharnisch und umgebundenem Dolch dargestellt, das Schwert als Zeugnis der Gerichtsbarkeit senkrecht in der rechten Hand. Nach einem aus der germanischen Zeit stammenden Brauch soll das im Mai 2010 eingepflanzte Kraut die Skulptur vor Blitz und Hagel schützen. Die erste Bepflanzung erfolgte auf Initiative des Berliner Museologen und Kommunalpolitikers Ernst Friedel, der im ausgehenden 19. Jahrhundert zu den namhaften Förderern des Märkischen Museums gehörte.

Die vom Bildhauer Karl Schwarz gefertigte Kopie des in Brandenburg an der Havel stehenden Riesen wurde 1905 aufgestellt. Bei der Abformung hatte man im Original eine größere Öffnung im Kopf des Riesen entdeckt, in man jenes Donnerkraut einsetzte. Ernst Friedel trug aus diesem Anlass dieses selbstverfasste Gedicht vor: „Roland der Ries / Am Märkischen Bau / Denkmal der Väter / Rage zur Schau / Roland der Ries / Am

Der Steinriese vor dem Märkischen Museum ist eine Nachbildung des in Brandenburg an der Havel aufgestellten mittelalterlichen Rolands

Museum der Mark / Stehe stets wachsam / standhaft und stark / Roland der Ries / Vor dem Märkischen Platz / wahr unser Väter / köstlichen Schatz / Roland der Ries / Vor des Feuers Glut / Schütze das Haus / und vor Wassers Flut."

Dass die Doppelstadt Berlin-Cölln in mittelalterlicher Zeit einen Roland besaß, ist durch Urkunden belegt. Im Zusammenhang mit Unruhen wurde die Symbolfigur für Recht und Gerechtigkeit zerstört und in der Spree versenkt. Einen der wenigen Hinweise auf die Existenz eines Rolands verdanken wir dem Berliner Stadtbuch, einer Sammlung von Abschriften mittelalterlicher Urkunden. Im Jahre 1384 wird in einem Brief über die Rechte und Pflichten der Schuhmachergesellen und ihre sportlichen Vergnügungen von einer solchen Figur gesprochen. „Außerdem: Wenn man sticht oder rennt beim Roland, so soll kein Knecht unserer Gesellschaft hinzulaufen und einen Speer oder Hufeisen aufnehmen. Wer das tut und von zwei unserer Gesellen gesehen wird, der soll ein halbes Pfund Wachs geben". Die im 19. Jahrhundert gefertigte „Steinerne Chronik" am Roten Rathaus zeigt auf einem Relief, wie ein Verbrecher zum Roland geschleppt wird, wo über ihn Recht gesprochen werden soll.

Seit 1873 mühten sich traditionsbewusste Mitglieder des Vereins für die Geschichte Berlins um die „Wiederaufrichtung des alten Steinbildes" auf dem Molkenmarkt, just an der Stelle, wo der Ro-

Auf einem der Reliefs der Steinernen Chronik am Roten Rathaus ist eine Gerichtsszene zu erkennen, die sich unterm Roland abspielt

land gestanden haben soll. Die Figur sollte weder aus kostbarem Material bestehen noch ein „ideales Kunstwerk" sein, also keine phantasievoll ausgeschmückte künstlerisch bedeutsame Neuschöpfung, „sondern aus Sandstein und in möglichster Nachbildung der plumpen Form der ältesten Rolande, aber in der Waffenrüstung des XIV. Jahrhunderts". Weil Brandenburg der Reichshauptstadt am nächsten liegt, wurde der in der Havelstadt befindliche Roland aus Sandstein als Vorlage genommen. Das heißt nichts anderes, als dass der schweigsame Wächter neben dem Märkischen Museum eine freie Erfindung ist.

Die Aufstellung der Rolandsfigur vor dem Märkischen Museum fügt sich ein in das Bestreben des damaligen Berliner Stadtbaurats Ludwig Hoffmann, historische Baustile der Mark Brandenburg in dem neuen Komplex miteinander zu verbinden. Verschiedene bei der Enttrümmerung nach dem Zweiten Weltkrieg entdeckte Skulpturen und Architekturfragmente fanden im Museum und in seiner Umgebung Asyl. So steht im Köllnischen Park die von dem Bildhauer Conrad Boy nach einem Modell von Johann Gottfried Schadow geschaffene Monumentalplastik des sagenhaften antiken Helden Herkules, der den Nemeischen Löwen bezwingt. Das eindrucksvolle Bildwerk aus Sandstein von 1791 stand ursprünglich auf der Brücke über dem Königsgraben in der Nähe des heutigen S-Bahnhofs Hackescher Markt. Die Sandsteingruppe ist eines der wenigen noch erhaltenen Beispiele für die ehemals reiche plastische Ausschmückung Berliner Brücken mit allegorischen Figuren. Das Pendant, das Herkules im Kampf gegen den Zentauren Nessus zeigte, ist seit Ende des Zweiten Weltkriegs verschwunden.

ROTER KASTEN MUSSTE DDR-AUSSENMINISTERIUM WEICHEN

Wie das Berliner Stadtschloss ist auch Schinkels Bauakademie in seiner Nähe ein treffliches Beispiel dafür, wie in der ehemaligen DDR die um das Kulturerbe besorgte Öffentlichkeit angesichts bevorstehender Abrisse getäuscht wurde.

Als im Jahr 1799 in Berlin die „Allgemeine Bau- und Unterrichtsanstalt" gegründet wurde, musste sie sich ihre Räume mit denen der Münze und der Mineralogischen Sammlung teilen. Erst 1832 bis 1836 bekam die Lehranstalt samt Oberbaudeputation auf dem Gelände des ehemaligen Packhofes direkt am Spreekanal ein eigenes, nach Plänen von Karl Friedrich Schinkel errichtetes Haus, das im Erdgeschoss eine Ladenzone besaß und auch Schinkels Dienst- und Wohnräume enthielt.

Das nach Schinkels Worten „übrigens sehr einfach angeordnete Gebäude", nur knapp 50 mal 50 Meter groß, wurde im Zweiten Weltkrieg beschädigt und danach zum Teil wieder aufgebaut. Jedoch waren die Millionen umsonst ausgegeben, denn die Bauakademie wurde 1962 dem DDR-Außenministerium geopfert. Um die Öffentlichkeit zu beruhigen, wurde die Parole ausgegeben, dass die Bauakademie in der Nähe neu errichtet werden soll. Bevor man das als „roter Kasten" verspottete Haus dem Erdboden gleichgemacht hat, wurden viele Steine geborgen und auch der Terrakottaschmuck gesichert (siehe S. 8). Doch entgegen den Ankündigungen verschwand der Wiederaufbauplan, wenn es ihn überhaupt gegeben hat, in der Schublade. So geriet die Bauakademie bis nach der Wiedervereinigung in Vergessenheit. Einzig ein in die Fassade der Schinkelklause hinterm Kronprinzenpalais gefügtes Portal hielt die Erinnerung an das Haus wach. Verschiedene Berliner Museen zeigten überdies in ihren Ausstellungen originale Terrakottaplatten.

Der Abriss des riesigen Außenministeriums in den frühen 1990er Jahren, das sich wie ein Riegel zwischen Schlossplatz und Straße

Von einer gemauerten Ecke (links) und bemalten Plastikplanen abge-
sehen ist von der neuen Bauakademie nicht viel zu sehen. Rekonstruiert
und mit drei Bronzedenkmälern besetzt ist bereits der Schinkelplatz.

Unter den Linden schob und die Sicht auf Berlins Prachtboulevard
versperrte, sowie Forderungen zur historisierenden Neugestaltung
der Stadtmitte einschließlich des Wiederaufbaues des Stadtschlosses
(siehe S. 145) ließen Pläne auch für die Auferstehung von Schinkels
Meisterwerk reifen. Bei Ausgrabungen im Umkreis des ehemaligen Außenministeriums fanden Archäologen alte Formsteine und
figürlichen Dekor, die es zusammen mit den vor dem Abriss geborgenen Steinen und Terrakottaplatten erlauben, die Fassade au-
thentisch zu rekonstruieren.

Im Herbst 1999 geriet die Bauakademie in den Blick der Öffentlichkeit, als der von den Gewerkschaften und der Berliner Bau-
industrie getragene Bildungsverein Bautechnik am historischen
Ort, direkt hinter dem Schinkelplatz mit den Denkmälern von
Karl Friedrich Schinkel, Peter Beuth und Albrecht Daniel Thaer,
ein Stück Fassade als Lehrbaustelle errichten ließ. Hier zeigten an-
gehende Maurer, Zimmerleute und Bildhauer ihr ganzes Können.
Die Initiatoren wollten mit der Aktion ein Zeichen gegen weiteren Stellenabbau und für die Pflege alter Handwerkertechniken
setzen und außerdem die Öffentlichkeit darauf aufmerksam
machen, dass die Bauakademie immer noch fehlt.

Seit Sommer 2004 wirbt eine aus Stahlrohren und bemalten Plastikplanen gebildete Schaufassade unter Einbeziehung einer
gemauerten Ecke für den Wiederaufbau. Leider sind den Versprechen der Politiker, sich für Schinkels berühmtes Werk ein-
setzen zu wollen, noch keine praktischen Taten gefolgt. Die „neue"

In die Schinkelklause auf der Rückseite des Kronprinzenpalais geht es durch ein mit antikisierenden Reliefs geschmücktes Portal von der Bauakademie

Bauakademie soll komplett privat finanziert werden, und Investoren sind nicht in Sicht. Im Unterschied zum Stadtschloss hat die Bauakademie den Vorteil, dass sie kleiner, und damit preiswerter zu rekonstruieren ist, was ihre Chancen, einmal am wiederhergestellten Schinkelplatz zu stehen, verbessert.

SÄBELRASSLER TRÄUMTE VOM PLATZ AN DER SONNE

Das Jahr 1888 ging als Dreikaiserjahr in die deutsche Geschichte ein. Am 9. März 1888 war der greise Kaiser Wilhelm I., der seit 1861 König von Preußen war, gestorben. Bereits 99 Tage später, am 15. Juni 1888, erlag sein todkranker Sohn Kaiser Friedrich III. einem Krebsleiden. Diesem sogenannten 99-Tage-Kaiser folgte sein erst 29 Jahre alter Sohn Wilhelm II. Unter dessen Führung drängte Deutschland zum vielzitierten Platz an der Sonne und machte sich durch Säbelrasseln international unbeliebt.

Niemand kann sagen, wie die Geschichte verlaufen wäre, wenn Wilhelm I., ein Militär von altem Schrot und Korn, schon früher als 1888 von der politischen Bühne abgetreten wäre und seinem liberal denkenden Sohn Friedrich III. und dessen aus England stammender Gemahlin Victoria eine längere Regentschaft beschieden gewesen wäre. Sie hätte bedeutet, dass ihr Sohn Wilhelm II. erst im höheren Alter und dann vielleicht auch politisch gereift und umgeben von besseren Beratern Politik gemacht hätte.

Das Deutsche Reich, bis 1871 ein loser Verbund von Fürstentümern und Freien Städten mit stark divergierenden Interessen, wurde unter Wilhelm I. durch „Blut und Eisen" zusammengeschmiedet, wie Reichskanzler Otto von Bismarck zu sagen pflegte. Drei Einigungskriege zielten auf die kleindeutsche Lösung unter Preußens Führung ab, also die deutsche Einigung ohne Österreich. Die Kriege richteten sich gegen Dänemark (1864), Österreich (1866) und Frankreich (1870/71). In ihrem Ergebnis entstand auf Vorschlag des bayerischen Königs Ludwig II., der sich dafür viel Geld bezahlen ließ, das Kaiserreich mit Wilhelm I. an der Spitze (siehe S. 106).

Die Kontributionen, die Frankreich als Kriegsverlierer zahlen musste, kurbelten die deutsche Wirtschaft an. Es begannen die nach vielen Firmengründungen benannten Gründerjahre, doch kam es zu Börsenkrächen und Firmenpleiten. Im Inneren verschärften sich die sozialen Konflikte und die Spannungen zwischen Staat sowie der liberalen und sozialdemokratischen Opposition, aber auch zwischen Staat und Kirche. Ob bei der Unterdrückung der Sozialdemokratie oder als Kulturkampf gegen die katholische Kirche – Otto von Bismarck, der von vielen Menschen als Schmied des Reiches verehrte Eiserne Kanzler, setzte rücksichtslos preußische Interessen durch, achtete in der Außenpolitik aber auf die Balance zwischen den damals führenden Mächten Russland und England.

Als Staatsoberhaupt spielte Friedrich III. 1888 keine Rolle, dazu war er zu krank. Die von ihm in langer Kronprinzenzeit angestrebte Liberalisierung und Modernisierung des Reiches fand nicht statt. Zu Bismarck in Opposition stehend und darin von seiner Frau unterstützt, war Friedrich III. durch die lange Wartezeit auf den

Otto von Bismarck hält den Reichstag in Schach, zeitgenössische Karikatur

Kaiser Friedrich III. und seiner Gemahlin Victoria war eine längere Regierungszeit nicht vergönnt

Thron zermürbt. Lediglich als Kunstmäzen konnte er sich entfalten. Das nach ihm benannte Kaiser-Friedrich-Museum auf der Museumsinsel heißt heute Bode-Museum.

Als Friedrich III. gestorben war, schlug der Sohn und Nachfolger Wilhelm II. schneidige Töne an. Der 1859 geborene Kaiser mit dem berühmten Zwirbelbart ging im Stil Friedrichs II. zum sogenannten persönlichen Regiment über, trennte sich 1890 unter unschönen Umständen von Bismarck und setzte willfährige Kanzler und Minister ein. Er liebte pompöse Auftritte und war ständig unterwegs. Indem er den Deutschen einen „Platz an der Sonne" versprach, legte er sich mit den damaligen Großmächten an. Die Vabanque-Politik, aber auch schwere Interessenkonflikte unter den damaligen Mächten, führten 1914 geradewegs in den Ersten Weltkrieg und vier Jahre später zum Ende der Monarchie.

Des Kaisers Steckenpferd war die Flotte. In seinen Augen lag des Reiches Zukunft „auf dem Wasser". Auseinandersetzungen mit den anderen See- und Kolonialmächten waren unausweichlich, zumal das Reich verspätet, aber umso intensiver einen beachtlichen Kolonialbesitz zusammenraubte und auch vor Völkermord in Afrika und Asien nicht zurückschreckte. Leichtfertige und unüberlegte Brandreden untergruben die Popularität und Glaubwürdigkeit des Kaisers und damit des Deutschen Reichs in der Welt, das sich zu einer führenden Wirtschafts- und Wissenschaftsmacht entwickelte, letzteres übrigens durch Zutun des auf diesem Gebiet stark interessierten Monarchen.

Nach der Ermordung des österreichischen Thronfolgerpaares am 28. Juni 1914 in Sarajevo schürte Wilhelm II., jedoch nicht er allein, die Kriegshysterie. Doch der Krieg war nicht, wie versprochen, schon zu Weihnachten 1914 siegreich beendet, vielmehr entwickelte er sich zu einem mörderischen Kampf mit Millionen

Toten. An seinem Ende 1918 standen die deutsche Niederlage und die seiner Verbündeten. Sämtliche deutschen Fürsten sowie der österreichische Kaiser Karl verloren ihren Thron. Wilhelm II. ließ sein Land im Stich, flüchtete ins holländische Exil und bemühte sich von dort vergeblich um die Wiederherstellung seiner Herrschaft. Zum Hauptkriegstreiber abgestempelt, blieb dem Exkaiser und seinen Generalen ein Prozess erspart, wie er nach dem Zweiten Weltkrieg gegen hohe Nazifunktionäre und Militärs in Nürnberg stattfand. Die Siegermächte hatten kein Interesse, dass bei einem solchen Verfahren ihre Mitschuld am Ersten Weltkrieg sowie an Kriegsverbrechen ans Tageslicht kommt.

Kaiser Wilhelm II. bleibt als gefährlicher Schwadroneur und Antidemokrat, aber auch als Förderer von Kunst und Wissenschaft, sofern es ihm opportun erschien, in zwiespältiger Erinnerung

SECHSTAGERENNEN MACHTE RADSPORT SALONFÄHIG

Lange Zeit galt das Radeln bei den Deutschen als unfein. Wer sich auf dem Fahrrad durch die kaiserliche Reichshauptstadt oder „übers Land" bewegte, musste sich auf Pöbeleien einstellen. Außerdem machten es die vom Ordnungswahn befallenen Behörden Freunden des Radsports so schwer wie möglich. Das 1909 eröffnete Berliner Sechstagerennen machte das Radeln salonfähig.

Fußgänger, Kutscher und Reiter begegneten noch vor über hundert Jahren dem neuen Fortbewegungsmittel auf zwei Rädern mit Misstrauen und Unverständnis. Doch der Zug der Zeit ließ sich weder durch Bürgerinitiativen noch durch Polizeimaßnahmen oder durch Hetze in der Presse aufhalten. Am 7. August 1881 gingen auf der „Flora", einer Parkanlage in der Nähe des Charlottenburger Schlosses außerhalb der Reichshauptstadt, ganz mutige Radler an den Start. Organisiert vom „Ersten Berliner Bicycle-Club", war das Rennen ein Markstein auf dem Weg zu einem neuen Volkssport. Allerdings zeigte sich, dass Parkanlagen mit ihren unebenen Wegen für Wettbewerbe ungeeignet sind, außerdem hatte ein Platzregen die Bahn in eine Schlammpiste verwandelt. Der Radrenn-Club ließ sich nicht entmutigen und richtete Ausscheide auf anderen Bahnen aus, so in der Nähe des heutigen Hansaplatzes, am Sportpark Friedenau, am Kurfürstendamm und am Bahnhof Treptow. Im Deutschen Technikmuseum in Berlin-Kreuzberg kann man urtümliche Fahrräder bewundern, darunter ein Laufrad, mit dem sein Konstrukteur Carl Freiherr von Drais 1818 beachtliche 18 Stundenkilometer schaffte. Zu sehen ist auch ein mit einem riesigen Vorderrad und einem kleinen Hinterrad ausgestattetes Hochrad, mit dem man sich in der Kaiserzeit auf den Weg machte.

Die Erinnerung an die ersten Hindernisse war ausgelöscht, als am 15. März 1909 das Sechstagerennen in den Ausstellungshallen am Zoologischen Garten in Berlin eröffnet wurde. Stolze zwölf Goldmark musste man für einen Logenplatz, zwei Mark immerhin noch für einen Stehplatz berappen, nur um zuzuschauen, wie 15 Zweiermannschaften auf der Holzbahn eine Kurve nach der anderen ziehen. Als das Rennen nach sechs Tagen mit dem Sieg der beiden US-Amerikaner Mac Farland und Jimmy Moran beendet war, hatten sie 3865,75 Kilometer hinter sich. Das Mammutrennen über 144 Stunden nach New Yorker Vorbild hatte sich im Sportkalender der Millionenstadt als feste Größe und gesellschaftliches Ereignis etabliert.

Diesen Durchbruch zu erreichen, war mühevoll. Was hatte man den „Sixdays" nicht alles hinterhergerufen – Menschenschinderei, Fahrt der Irren, Treffpunkt der Unterwelt, Marathon des Überflüssigen oder prickelndes Schauspiel für nervenbelastete Großstadtmenschen. Doch das Sechstagerennen hatte seine Fans, und es hat alle Kriege und Katastrophen überlebt und ist heute wie damals ein Ereignis von hohem Sport- und Unterhaltungswert. Wer es einmal besucht hat, kommt bestimmt gern wieder. Für die Presse war das Rennen ein gefundenes Fressen. Sie veröffentlichte Einzelheiten über die halsbrecherische Gaudi, registrierte alle Stürze und Schäden, bemerkte aber auch, dass für die Fahrer nur kleine Räume „wie Hühnerställe" bereitstehen, wenn sie dort nach

Eine Aufwertung erfuhr der Radsport durch das Berliner Sechstagerennen, das sich bis heute ungebrochener Beliebtheit erfreut

der Ablösung für ein paar Minuten verschnaufen wollten, bevor es wieder aufs Fahrrad ging.

Das Sechstagerennen unterlag einem strengen Reglement, die Ablösung der Fahrer war genau vorgeschrieben, niemand sollte zu Fall kommen, und doch gab es immer wieder Stürze. Wessen Rad kaputtging, hatte mit seinen Helfern fünf Runden Zeit, den Fehler zu beheben, denn niemand sollte sich unberechtigte Ruhepausen erschleichen, keiner sollte gegenüber den anderen Sportlern Vorteile gewinnen. In Berichten von damals ist von Doping nicht die Rede. Ob Aufputschmittel genommen wurden, ist nicht überliefert, nur dass jede gewonnene oder verlorene Runde vom Rennausschuss genau protokolliert und dass „unreelles Fahren" sowie grobe Verstöße gegen die Regeln mit Disqualifikation geahndet wurden.

Dass es Durststrecken und Frustrationen gab, ja dass die Radler bisweilen „wie schlotternde Lemuren" über die Holzbahn krochen, weil sie ausgelaugt waren und keine Kraft mehr hatten, ist ebenso überliefert wie die Beobachtung von Langerweile, weil die Zuschauer nichts anderes zu sehen bekamen als Radfahrer, die eine Runde nach der anderen absolvierten. Da wurde gern zur Kenntnis genommen, dass der älteste Sohn von Kaiser Wilhelm II. mit großem Gefolge erschien und in der Hofloge Platz nahm. Vom Kronprinzen Wilhelm wusste man, dass er sich für Sport interessierte und ein Faible für spektakuläre Auftritte in der Öffentlichkeit hatte. Indem er das Sechstagerennen durch seine Anwesenheit „adelte", verhalf er ihm und den schnaufenden, strampelnden und schwitzenden Athleten zu weiterer Popularität.

Nach der Europa-Premiere von 1909 in Berlin hat man 1914 eine Punktewertung für das Zweier-Mannschaftsfahren eingeführt. In den dreißiger Jahren erlebte das Sechstagerennen einen Niedergang, 1949 wurde es neu belebt. Kritiker meinen, dass die heutzutage angebotenen Rahmenprogramme Volksfest- und Jahrmarktscharakter haben, bei denen das eigentliche Rennen ins Hintertreffen gerät.

SIEGESALLEE ALS PUPPENALLEE VERSPOTTET

Mit einem hochherzigen Geschenk wollte Kaiser Wilhelm II. die Berliner, Preußen und die Welt beeindrucken. Doch kaum ein gutes Haar wurde an der Siegesallee im Tiergarten gelassen, die der Monarch zur Ehre seiner Vorfahren auf dem brandenburg-preußischen Thron von der Creme der damaligen Bildhauerzunft hatte anfertigen lassen.

Anlässlich seiner Geburtstagsfeier hatte Kaiser Wilhelm II. am 27. Januar 1895 in einem Erlass erklärt: „Zum Zeichen Meiner Anerkennung für die Stadt und zur Erinnerung an die ruhmreiche Vergangenheit unseres Vaterlandes will Ich [...] einen bleibenden Ehrenschmuck für Meine Haupt- und Residenzstadt stiften, welche die Entwicklung der vaterländischen Geschichte von der Begründung der Mark Brandenburg bis zur Wiederaufrichtung des Reiches darstellen soll. [...] Die Kosten der Gesamtausführung will Ich auf Meine Schatulle übernehmen." Die „städtischen Behörden" dankten artig und betonten, die Ruhmesstraße werde „uns und künftigen Geschlechtern künden die Großthaten unserer Fürsten, das Wirken hervorragender Männer, die theure Hingabe des Volkes; wir werden von ihr lernen und der Lehre, die sie uns gibt, nachleben".

Den Vertretern der Askanier, Wittelsbacher, Luxemburger und Hohenzollern (darunter eine Doppelgruppe) waren ursprünglich 64 Büsten von Militärs und Ministern, Höflingen, Geistlichen, Gelehrten und Künstlern aus der Umgebung des jeweiligen Herrschers zugeordnet. Die aus je 16 sich gegenüberstehenden Sitzbänken mit reichem Figurenschmuck bestehende Ahnengalerie, die schon bald von den Berlinern als Puppenallee oder Marmorarmee verspottet wurde und dennoch sehr schnell zur Sehenswürdigkeit avancierte, existiert nur in Rudimenten. Die Figuren wurden in den letzten Kriegstagen 1945 durch Beschuss stark beschädigt, einigen Herrschern fehlt die Nase oder der ganze

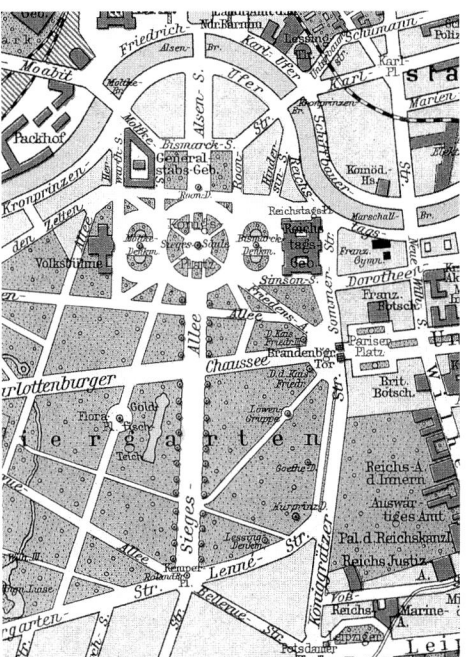

Die Karte aus der Zeit nach 1900 zeigt den Verlauf der Siegesallee vom Kemperplatz mit dem Rolandbrunnen darauf zum Königsplatz, der heute Platz der Republik heißt

Kopf, manchmal auch Arme und Hände. Von den alliierten Siegern als militaristische Machwerke eingestuft, überlebten sie die Nachkriegszeit nur deshalb, weil man sie im Park des Schlosses Bellevue vergraben hatte. 1979 wieder ans Tageslicht geholt, erhielten die Skulpturen im ehemaligen Wasserwerk am Landwehrkanal zusammen mit weiteren Monumenten des 19. Jahrhunderts Asyl. Einige Figuren kamen in die Spandauer Zitadelle und in das Schloss Britz. Eine fachgerechte Aufstellung, zu der auch erklärende Texte gehören, wird erst jetzt in einem neuen Museum in der Spandauer Zitadelle möglich sein (siehe S. 176). Die „weltberüchtigte" Siegesallee verlief einst vom Kemperplatz zum Königsplatz, dem heutigen Platz der Republik vor dem Reichstagsgebäude, wurde aber 1938 im Zusammenhang mit den Neubauplänen Hitlers und Speers in die Große Sternallee verlegt. Dorthin kamen auch die Siegessäule sowie die Denkmäler Otto von Bismarcks und der beiden preußischen Militärs Albrecht von Roon und Helmuth von Moltke. Wilhelm II. wollte, dass die Fürsten Brandenburgs in fortlaufender Reihe dargestellt werden, als eine Bildergalerie, für die man keine Worte braucht. Selbst unbedeutende Herrscher, von denen man gerade mal den Namen kannte, wurden berücksichtigt. Bis ins Detail überwachte der Kaiser die 25 ausführenden Künstler, die von dem Hohenzollern-Forscher Reinhold Koser und anderen Gelehrten beraten wurden. Bis 1901 hatten Künstler wie Begas, Calandrelli, Eberlein, Herter, Kraus, Lessing, Schaper, Siemering und Uphues alle Hände voll zu tun, die Träume ihres Auftraggebers zu verwirklichen. Für einige Künstler war die Siegesallee der Beginn einer steilen Karriere. Unbekannt blieb lange, dass Wilhelm II. Aufsätze von Schülern des renommierten Joachimsthalschen Gymnasiums zensierte, die über die Beinstellung und davon abgeleitet über die Herrscherqualitäten der jeweiligen Fürstlichkeiten urteilen mussten. Dem Kaiser kam das Thema nicht sonderbar vor, als er bei einer seiner Nordland-fahrten vier Aufsätze las und sie mit Randbemerkungen versah, als seien sie Staatspapiere. Über eine mögliche Bloßstellung ihres Herrn besorgte Beamte konfiszierten die Hefte und ließen sie im Hohen-zollernmuseum verschwinden. Nach dem Zweiten Weltkrieg im Merseburger Zentralarchiv wiederentdeckt, wurden die un-gewöhnlichen Aufsätze 1960, 1990 und zuletzt mit neuen Erkennt-nissen über ihre Entstehung im Jahr 2001 und 2007 publiziert.

Überall in Berlin stehen unter freiem Himmel historische Denkmäler. Manche kamen nach dem Zweiten Weltkrieg in dunk-len Depots unter und warten seit Jahren darauf, dass man sie aus dem Dornröschenschlaf her-vorholt. Nach mehrjähriger Vorbereitungszeit sollen etwa einhundert besonders wertvolle, meist aus Marmor bestehende Skulpturen die-ser Art bis 2013 auf dem Ge-lände der Spandauer Zita-delle in einem neuen Mu-seum präsentiert werden (siehe S. 176).

Ziel des ehrgeizigen Projekts ist es nicht nur, unersetz-lichen Zeugnissen der Bild-hauerkunst vom späten 18. Jahrhundert bis fast in die Gegenwart ein neues Zu-hause zu geben. Auch der Bezirk Spandau und seine

Besucher aus der Provinz wundern sich, dass in Berlin sogar die „Vogel-scheuchen" aus Marmor bestehen. Jetzt wisse man endlich, wohin das schöne Geld geht, meint der Karika-turist Thomas Theodor Heine im „Simplizissimus"

Reste der Siegesallee fanden in der Spandauer Zitadelle Asyl. Hier wird demnächst ein Lapidarium eingerichtet, in dem diese und andere wertvolle Skulpturen präsentiert werden.

zu den Spitzenleistungen der europäischen Festungsbaukunst zählende Zitadelle erwarten von dem Lapidarium, dem Museum für Steinskulpturen, einen Zugewinn an Aufmerksamkeit und touristischer Anziehungskraft. Insgesamt werden 12,4 Millionen Euro in das Projekt investiert, wobei 9,6 Millionen in die „Ertüchtigung" der ehemaligen Kasernen und der Rest in die Restaurierung der Skulpturen und die Gestaltung der Ausstellung fließen sollen.

Die chronologisch angelegte Ausstellung wird Herrscher- und andere Figuren aus königlich-preußischer und aus kaiserlicher Zeit enthalten, aber auch Relikte aus der Zeit des Nationalsozialismus beziehungsweise aus der DDR. Für die mit originalen Skulpturen, Modellen, Videoprojektionen, Fotos und Lageplänen bestückte Dauerausstellung „Berlin und seine Denkmäler" ist die Spandauer Zitadelle wie kein anderer Ort geeignet. Das Ensemble zählt zu den wohl am besten erhaltenen Renaissancefestungen in Mittel- und Nordeuropa und ist ein mit brandenburg-preußischer Geschichte eng verbundenes Architektur- und Kulturdenkmal von hohem Rang. Unmittelbar vor der Eröffnung des Lapidariums 2013 soll das in zahlreiche Einzelteile zerlegte und in einem Köpenicker Forst vergrabene Lenindenkmal vom Leninplatz im Berliner Bezirk Friedrichshain geborgen werden. Das 19 Meter hohe Monument aus dem Jahr 1970, ein Werk des sowjetischen

Bildhauers Nikolai W. Tomski, das dem Bildersturm der Nachwendezeit zum Opfer fiel, wird allerdings nicht komplett aufgebaut, wohl aber sollen der Kopf des Gründers des Sowjetstaates und ein paar zum Denkmal gehörende Granitbrocken präsentiert werden.

SPITZBART, BAUCH UND BRILLE
SIND NICHT DES VOLKES WILLE

Angesichts bedrückender politischer und wirtschaftlicher Verhältnisse blieb vielen DDR-Bewohnern oft das Lachen im Halse stecken. Aber wenn sie unter sich waren und gerade mal keine „Sicherheitsnadel" zuhörte, gaben sie ihrem Ärger mit politischen Witzen freien Lauf.

Man durfte sich dabei allerdings nicht erwischen lassen, denn auf Herabwürdigung der sogenannten führenden Persönlichkeiten sowie Staatsverleumdung standen hohe Strafen. Schnell konnte man in Verdacht kommen, denn das Denunziantenwesen blühte, und es gab zahlreiche Verurteilungen nur wegen einer abfälligen Bemerkung über Ulbricht oder Honecker, aber auch über Volkspolizisten, Stasispitzel und die sowjetischen Freunde, wie man die Besatzungstruppen mal ernsthaft, mal sarkastisch nannte.

Die SED- und Staatsführer waren sehr auf ihr Ansehen im Lande und im Ausland bedacht. Nichts ärgerte sie mehr, als wenn man an ihrer vermeintlichen historischen Bedeutung kratzte oder persönliche Eigenschaften, etwa hölzerne Sprache, Bildungsdefizite oder ungelenkes Auftreten, aufs Korn nahm, von ernsten politischen Fehlern ganz zu schweigen. Über den Reim „Spitzbart, Bauch und Brille sind nicht des Volkes Wille" dürften der damit charakterisierte Bartträger, SED-Generalsekretär und stellvertretende DDR-Ministerpräsident Walter Ulbricht, ferner der mit einem mächtigen Bauch gesegnete Staatspräsident Wilhelm Pieck sowie der Brillenträger Ministerpräsident Otto Grotewohl kaum amüsiert gewesen sein. Der freche Zweizeiler kursierte im Juni 1953 unter streikenden Arbeitern, deren Aufstand alsbald von sowjetischen Panzern niedergewalzt wurde. Ulbricht war als derjenige verhasst, der am 13. August 1961 in enger Abstimmung mit der Sowjetregierung die Mauer und die innerdeutsche Grenze errichten ließ, was ihm weitere Spitznamen, nämlich Mauerbauer sowie Genosse Niemand, eintrug, weil er im Juni 1961 behauptet hatte, „niemand" habe die Absicht, eine Mauer zu errichten.

Ein anderer Spruch, nämlich „Putz die Zähne mit Odol, pfeif auf Pieck und Grotewohl", gehörte ebenfalls in die Kategorie Boykotthetze. Nach der DDR-Verfassung von 1949 wurden Boykotthetze gegen demokratische Einrichtungen und Organisationen, Mordhetze gegen demokratische Politiker, Bekundung von Glaubens-, Rassen- und Völkerhass, militaristische Propaganda sowie Kriegshetze und alle sonstigen Handlungen, die sich gegen die Gleichberechtigung richtete, als Verbrechen streng ge-

Er sah sich in einer Linie mit Marx, Engels, Lenin und Stalin, doch ging Walter Ulbricht vor allem als Spitzbart, Mauerbauer und Genosse Niemand in die Geschichte ein. DDR-Plakat um 1952

ahndet. Schon kleinste Verstöße gegen die dehnbare Bestimmung hatten böse Folgen. Das galt auch für die Herstellung, den Besitz und die Verbreitung von sogenannten Hetzschriften und von Karikaturen. Hasspredigten gegen die Bundesrepublik und ihre Politiker und ganz allgemein gegen den Westen waren von der Verfassung und den Strafgesetzen der DDR gedeckt, weil sie dem Klassenfeind galten, und dazu war jedes Mittel recht.

Angeblich sollen die besten DDR-Witze im Zentralkomitee der SED erfunden worden sein. Doch ist das kaum vorstellbar, denn die im Machtzentrum des Staates agierenden Funktionäre betrieben ihr Geschäft äußerst ernst und taten alles, um das Ansehen der Partei zu heben und Angriffe von außen und innen abzuwehren. Die Angst vor Kritik durch das Ausland, und dazu gehörte auch die Bundesrepublik, und die Furcht vor Selbstentlarvung und unfreiwilliger Komik waren immens. Die tatsächlich im ZK ausgedachten Politparolen fielen, witzig um- und abgewandelt, auf ihre Urheber zurück. Darüber hinaus gab es auch in Kabaretts und den DDR-Medien manche Kritik am System, freilich musste man genau hinhören und zwischen den Zeilen lesen, um sie zu verstehen.

SOPHIE CHARLOTTE IST NAMENSGEBERIN VON CHARLOTTENBURG

Die am 1. Februar 1705 verstorbene Königin Sophie Charlotte war eine kluge und belesene Frau, selbstbewusst und künstlerisch tätig. Ihr Gemahl Friedrich I. schmückte sich mit ihr und ehrte sie auf besondere Weise.

Zeitgenossen beschrieben die Kurfürstin und – ab 1701 – Königin als schöne Frau mit lebhaften dunklen Augen, die ein wenig zur „Starkleibigkeit" neigt, gut Französisch und Italienisch spricht, sich im Deutschen ihren angeborenen „Accent" bewahrt hat und „von ausnehmender Liebenswürdigkeit ist". Man lobte sie als „schönste Prinzessin ihrer Zeit", die zierlich die Worte setzt und „mit allerhand Leuten von allerhand Gegenständen reden" kann. Ihr Enkel König Friedrich II., der Große, nannte sie eine „Fürstin von hervorragendem Verdienst", bei der sich „alle Reize ihres Geschlechts mit geistiger Anmut und aufgeklärtem Verstand" vereinigten.

Bis zu ihrem frühen Tod unterhielt Sophie Charlotte in der Lietzenburg, dem späteren Charlottenburg vor den Toren Berlins, einen berühmten Musenhof. Hier gab es viele Lustbarkeiten – Theater, Konzert, Ballett, Feuerwerk, üppige Schmausereien. Adlige Damen und Herren spielten als Musiker und Komödianten mit, und mittendrin war Sophie Charlotte. Bei Hofe ging es, wie Zeitgenossen berichten, ziemlich freizügig zu. Zu späterer Stunde soll die feine Gesellschaft sogar über Tische und Stühle gesprungen sein, und dann konnte es auch geschehen, dass sich der ansonsten sehr auf Etikette und Abstand bedachte Gatte mitreißen ließ und sich unter die fröhlich Lärmenden mischte.

Sophie Charlotte, am 30. Oktober 1668 in Iburg südlich von Osnabrück als Tochter des Herzogs Ernst August von Braunschweig-Lüneburg und seiner Gemahlin Sophie von der Pfalz geboren, jedoch in Hannover aufgewachsen und seit 1684 mit dem nachmaligen brandenburgischen Kurfürsten und preußischen König vermählt, zog Literaten, Musiker, Maler und Gelehrte an wie Motten das Licht. Ganz oben auf der Liste stand ihr Lands-

Königin Sophie Charlotte und der Philosoph Leibniz im trauten Gespräch vor dem Charlottenburger Schloss. Der Holzstich von Adolph Menzel entspricht nicht der damaligen Realität, denn er zeigt das Haus mit einem Turm, der zu Lebzeiten der Königin noch nicht existierte.

mann, der Universalgelehrte Gottfried Wilhelm Leibniz, den sie bei dem Plan, in Berlin eine Akademie der Künste und der Wissenschaften zu gründen, unterstützte. Die Monarchin half, die im damaligen römisch-deutschen Reich verlachte märkische „Streusandbüchse" zu kultivieren und trug so zum Glanz des Hauses Hohenzollern bei. Sie sorgte dafür, dass das eher kleinstädtisch-langweilige Berlin für kurze Zeit zum vielfach gepriesenen Spreeathen wurde, zum Hort der Künste und Gelehrsamkeit wie die Stadt der griechischen Antike. Ihre Wohnräume schmückte sie mit „indianischen Seidentapeten" und Gobelins, dekorierte sie mit chinesischen Lackmöbeln und blau bemalten Porzellanen aus dem Fernen Osten, und sie umgab sich mit Spiegeln, Gemälden und antiken Figuren.

Nach ihrem überraschend frühen Ableben mit nur 37 Jahren verlieh der tief betrübte Gatte der Lietzenburg den Namen „Charlottenburg". Die Umbenennung war gewöhnungsbedürftig, und so wurde auf königlichen Befehl „scharf darüber gehalten, dass alle diejenigen, die den ersten Namen nur nennen, sofort 16 Groschen zur Strafe erlegen müssen". Nachdem der Leichnam der toten Monarchin aus Hannover kommend nach Berlin gelangt war, wurde er in einem von Andreas Schlüter geschaffenen vergoldeten Prunksarg mit einem Bildnis der Königin bestattet. Das Meister-

Der vergoldete Sarg der Königin Sophie Charlotte ist ein Werk von Andreas Schlüter und steht neben dem von König Friedrich I. im Berliner Dom

werk barocker Bildhauer- und Gießerkunst steht noch heute im Berliner Dom am Lustgarten an der Seite ihres 1713 verstorbenen Gemahls Friedrich I.

SPREE-ATHEN UND SPARTA DES NORDENS

Würde man alle Lobessprüche und alle Schmähungen zusammenstellen, mit denen Berlin und seine Bewohner im Laufe seiner langen Geschichte belegt wurden, man bekäme eine stattliche Zitatensammlung zusammen. Vieles wurde in schmeichlerischer Absicht übertrieben und brachte den Schreibern königliche Huld ein, einiges ist sogar zum geflügelten Wort geworden.

Als Friedrich III./I. daranging, aus der Doppelstadt Berlin-Cölln eine königliche Hauptstadt zu machen, waren sogleich Hofpoeten und Speichellecker dabei, alle möglichen Namen und Vergleiche zu erfinden, um dem Herrscher zu gefallen. Einer dieser eifrigen Schreiber namens Samuel Ritter verstieg sich im Krönungsjahr 1701 zu der Behauptung, Berlin sei die Königin der Städte, vor deren Glanz Theben, Delphi und Athen weichen, also verblassen müssten. Ritter wird kaum gewusst haben, was er da aufgeschrieben hat, denn er kannte die antiken Metropolen höchstens vom Hörensagen, doch dem prestigebewussten König mag der Vergleich gefallen haben. Der Görlitzer Dichter Samuel Großer schlug in die gleiche Kerbe, als er ein Jahr später mit Blick auf Paris, Rom und London maßlos übertreibend folgendes reimte: „Was Paris zum Wunder macht, / ist auch in Berlin zu

Solch ein Standbild Friedrichs I. sollte auf die neu erbaute Lange Brücke in Berlin gestellt werden, stattdessen kam Schlüters Reiterdenkmal des Großen Kurfürsten Friedrich Wilhelm dorthin. Die Lange Brücke, heute Rathausbrücke genannt, wird derzeit neu gebaut.

finden, / und der Tyber stolze Pracht / muß izt in Berlin verschwinden. / London sei so groß es will, / so darff ihm Berlin nicht weichen."

Der Begriff „Spree-Athen" wird auch heute mit einigem Stolz verwendet, manchmal aber auch wenig schmeichelhaft zu „Spray-Athen" verballhornt, um jene Schmierer und Vandalen zu kennzeichnen, die mit Sprühfarbe Hauswände und Denkmäler verunstalten. „Spree-Athen" geht auf ein Gedicht von Erdmann Wirckers in einem 1706 veröffentlichten Buch zu Ehren des als „preußischer Augustus" verherrlichten Königs Friedrich I. zurück, in dem es heißt: „Die Fürsten wollen selbst in deine Schule gehn, / Drumb hastu auch für sie ein Spree-Athen". Damit war gemeint, dass Friedrichs Standeskollegen von der neuen brandenburg-preußischen Hauptstadt, die gar so prächtig ausgebaut wird und ein Hort der Künste und Wissenschaften ist, etwas lernen können. Athen galt seit der Renaissance in der gebildeten Welt als Inbegriff von Stärke, Weisheit und Kultur, während Rom, das bekanntlich viel mächtiger und größer als das antike Athen war, als irgendwie ungesund und zum Sterben verurteilt angesehen wurde und in der nichtkatholischen Welt als Machtzentrum der Papstkirche keinen guten Klang hatte.

Als nach dem Thronwechsel von 1713 der prügelwütige Soldatenkönig Friedrich Wilhelm I. seine schwere Hand auf Berlin und ganz Preußen legte, war von Spree-Athen nicht mehr die Rede, denn Künste und Wissenschaften waren nicht mehr gefragt. Jetzt war nur noch „Sparen und Plusmachen" gefragt, und das Land verwandelte sich in eine große Kaserne (siehe S. 17). Prompt wurde für die Hauptstadt der Begriff „Sparta des Nordens" erfunden, um die harten Drill- und Erziehungsmethoden und die einfache spartanische Lebensweise unterm schwarzen Preußenadler auf den Punkt zu bringen. Als der französische Philosoph Voltaire in Berlin und Potsdam als Gast Friedrichs II. weilte, bemerkte er manchen Zwiespalt zwischen Kultur und Geist auf der einen Seite und Krieg und Waffen auf der anderen. „Es gibt hier ungeheuer viel Bajonette und sehr wenig Bücher. Der König hat Sparta stark ausgeschmückt, aber Athen hat er in seinem Kabinett untergebracht". Der Beiname Athen als Inbegriff für den Sitz der Musen wurde nicht nur für Berlin verwendet, denn es gab auch ein Pleiß-Athen, Saal-Athen und Elb-Athen als Umschrei-

Als Friedrich Wilhelm I. 1713 den Thron bestieg, verwandelte er Berlin, Brandenburg und Preußen in eine große Kaserne

bungen für die Universitätsstädte Leipzig, Halle und Wittenberg. Sogar ein Ilm-Athen für die kleine thüringische Residenz und Klassikerstadt Weimar ist vorgekommen. In ähnlich schmeichlerischer Absicht wurde für die kursächsische Landeshauptstadt Dresden, die wahrlich weitaus reicher und prächtiger als Berlin gestaltet war, der Begriff Elbflorenz erfunden, womit die Blüte der italienischen Kulturhauptstadt Florenz unter den Medici treffend zum Vergleich mit den kulturellen und architektonischen Höhenflügen in Dresden unter dem sächsischen Fürstenhaus der Wettiner herangezogen wurde.

STADTSCHLOSS FÜR AUFMARSCHPLATZ GEOPFERT

„Jetzt schreien alle, und wenn das Schloss weg ist, dann kräht kein Hahn mehr danach", behauptete DDR-Ministerpräsident Otto Grotewohl im Herbst 1950 nach der Besichtigung des riesigen Trümmerhaufens, der das Berliner Stadtschloss gewesen war. Wie sollten sich die kommunistischen Bilderstürmer irren.

Angekündigt wurde das Ende des Berliner Schlosses, das am 6. September 1950 mit der Zündung der ersten Sprengladungen begann, durch Parteichef Walter Ulbricht auf dem III. Parteitag der SED im Sommer 1950. Er erwähnte das Schloss nur indirekt, als er sagte: „Das Zentrum unserer Hauptstadt, der Lustgarten und das Gebiet der jetzigen Schlossruine, müssen zu dem großen Demonstrationsplatz werden, auf dem der Kampfwille und Aufbauwille unseres Volkes Ausdruck finden können".

Die Ostberliner Presse behauptete, die „Ruine" sei nicht mehr zu retten, und niemand könne sich die Wiederaufbaukosten von 50 Millionen Mark leisten. Absichtlich wurde der Zerstörungsgrad mit 80 Prozent angegeben, was aber maßlos übertrieben war, wie Bilder von der immer noch stattlichen Ruine zeigen, deren Mauern fest wie seit eh und je standen. Der in der Zentralverwaltung für Volksbildung zuständige Denkmalpfleger Gerhard Strauß behauptete, das Schloss sei nichts weiter als „ausgeglühter Schutt", ein „Hindernis bei der heute einmaligen Gelegenheit, den Mittelpunkt der Hauptstadt in großzügiger Weise zu ordnen". Er forderte die Freigabe des Platzes, „um einem lebensvollen neuen Zugang im Zentrum Berlins Raum zu geben".

Appelle von Architektur- und Kunsthistorikern an die Regierung, das Schloss wegen seiner überragenden künstlerischen und historischen Bedeutung zu verschonen und es peu à peu aufzubauen, wurden vom Tisch gewischt. Auch ließ die SED das Argument nicht gelten, dass verschiedene Schlossräume noch ziemlich intakt sind. Hätte man sonst bald nach Kriegsende Ausstellungen in den ausgebrannten Räumen veranstaltet?

Der langjährige Direktor der Schlösserverwaltung, Ernst Gall, konnte seinen Protest nur im Westen veröffentlichen. Sollte das Schloss fallen, sah er nur „platte Leere" voraus. Der Kunsthistoriker Richard Hamann gab hintersinnig zu bedenken, dass Schlossbaumeister Schlüter, der „größte Bildhauer und Architekt Berlins", seinen Lebensabend in Russland verbrachte und dort 1714 gestorben ist. „Mit der Zerstörung des Schlosses greift man auch in die Belange der Deutschland von je kulturell verbundenen Nationen ein: und darüber hinaus in die Belange der ganzen Welt", schrieb Hamann und stieß auf Granit. Andere Kritiker wiesen darauf hin, dass das polnische Volk das Warschauer Schloss aufbaut, von dem die Nazis nur wenig übrig gelassen hatten. Doch nichts konnte den zu allem entschlossenen Walter Ulbricht erweichen. Der Sachse wollte das Schloss beseitigen, und außerdem brauchte er eine Tribüne für Großdemonstrationen, die dann nur wenige Jahre dafür benutzt wurde. Wie sein großes Vorbild Stalin in Moskau wollte der ostdeutsche Parteichef in Berlin eine Art Roter Platz haben und bekam ihn auch.

Andreas Schlüters großartige Pläne für den Umbau des Berliner Stadtschlosses wurden nur zum Teil realisiert, Kupferstich vor 1701

Die Schlossruine hätte bei gutem Willen nach und nach aufgebaut werden können. Doch überwogen 1950 bei der Entscheidung für den Abriss bilderstürmerische Gelüste und die Absicht, hier nach Moskauer Vorbild einen großen Aufmarschplatz zu schaffen.

Es ist ein Treppenwitz der Geschichte, dass das Schloss beseitigt wurde, just als den ostdeutschen Werktätigen von der Partei aufgetragen worden war, die „Höhen der Kultur" zu erstürmen, als man ein internationales Bach-Jahr beging und der DDR-Staatspräsident ein anderes Hohenzollernschloss, das in Schönhausen, zu seinem Amtssitz auserkor. Da bei der DDR-Führung der politische Wille fehlte, das Stadtschloss – Residenz der verhassten Hohenzollern – etwa in den Sitz der Regierung umzuwandeln, verhallten alle Appelle und Warnungen. Offiziell wurde der Abriss damit begründet, es fehle an Geld und Baumaterial für den Wiederaufbau. In Wahrheit aber rächte sich der noch junge SED-Staat an ihm nicht genehmen Epochen deutscher Geschichte. Damit setzte er sich in einen Gegensatz zum „großen Bruder", zur Sowjetunion, deren Führer im Krieg zerstörte Zaren- und Adelssitze aufbauten und wie selbstverständlich im Moskauer Kreml regierten.

Um die Öffentlichkeit zu beruhigen, verbreitete der Ostberliner Magistrat, der formell für die Vernichtungsaktion zuständig war, das Gerücht, man werde die bedeutendsten Teile des Schlosses, etwa den Schlüterhof, sorgfältig demontieren, um sie an anderer Stelle wieder aufzubauen. Das gleiche versprach man übrigens zwölf Jahre später, als Schinkels Bauakademie dem neuen DDR-Außenministerium geopfert wurde (siehe S. 126). Tatsächlich stellte man einige besonders wertvolle Architekturgliederungen und Beispiele für den reichen plastischen Schmuck der Schlossruine sicher. 1963 hat man ausgebaute Figuren vom Schlossportal V, dem sogenannten Liebknechtportal, der Eingangsfront des Staatsratsgebäudes eingefügt. Den Relikten wurde nur deshalb geschichtlicher Wert zuerkannt, weil der KPD-Führer Karl Liebknecht am 9. November 1918 vom Balkon des Schlossportals die sozialistische Republik ausgerufen hatte.

Nachdem am 6. September 1950 die ersten Sprengladungen gezündet worden waren, war kein Halten mehr. Als erstes fiel der Apothekenflügel am Spreeufer und mit ihm die ältesten Teile der erst kurfürstlichen, seit 1701 königlichen und 1871 kaiserlichen Residenz. Am 15. September folgten die Abschnitte an der Schlossfreiheit, danach die Bauteile am Schlossplatz. Ende Oktober war das noch gut erhaltene Portal I verschwunden. Am 14. November fiel der von Kennern als künstlerisch besonders wertvoll bezeichnete Schlüterhof mit seinem reichen plastischen Schmuck der Sprengung zum Opfer, während das Eosanderportal und die ausgeglühte Kuppel darüber als letzte Bauteile am 30. Dezember um 15 Uhr in einer riesigen Dreckwolke in sich zusammensanken. 13 000 Kilogramm Sprengstoff waren nötig, um den Hohenzollernbau, den Kenner mit dem Louvre in Paris, dem Petersdom in Rom und anderen großen Zeugnissen der Kunstgeschichte verglichen, zu vernichten. Um so wenig wie möglich vom Schloss übrig zu lassen, wurde eine riesige Menge wertvoller Architekturgliederungen mit Press-

In das Staatsratsgebäude wurde das so genannte Liebknechtportal eingebaut. Doch sonst wollten die DDR-Oberen mit dem Sitz der Hohenzollern nichts zu tun haben und hätten es am liebsten gesehen, wenn ihre Untertanen ihn ganz vergessen hätten.

Nach dem Abriss des Stadtschlosses diente der in Marx-Engels-Platz umbenannte Schlossplatz für Paraden und Aufmärsche, mit denen sich die SED- und Staatsführung von ihren Untertanen feiern ließ

lufthämmern in „handliche Stücke" zerkleinert. Der Schutt kam auf Lagerstätten am Seddiner See bei Potsdam, auf den Trümmerberg im Friedrichshain, auf die Oderkippe an der Oderberger Straße im Bezirk Prenzlauer Berg und auf weitere Deponien. Dort wurden in den letzten Jahren bei Grabungen Steine vom Schloss gefunden. Mit historischen Messbildern, Aufrissen und anderen Ansichten dienen sie als Vorbilder für den vom Deutschen Bundestag beschlossenen Wiederaufbau.

Die Liquidierung des Hohenzollernbaues wurde Ende 1950 vorfristig vollendet, weitere Vernichtungsaktionen folgten. So hat man die Ruine des Berliner Schlosses Monbijou, das Stadtschloss und die Garnisonkirche in Potsdam, die Universitätskirche in Leipzig sowie weitere Herrensitze und wertvolle Kirchen quer durch die DDR dem Erdboden gleichgemacht. Am 1. Mai 1951 kamen die Ostberliner zu einer „machtvollen Demonstration für Frieden und Einheit", natürlich unter kommunistischen Vorzeichen, auf dem in Marx-Engels-Platz umbenannten Schlossplatz zusammen. Auf der Tribüne über Ostberlins neuem „Roten Platz" winkte ein zufriedener Walter Ulbricht seinen Untertanen zu.

Nach fast zwanzigjähriger Diskussion ist der Wiederaufbau des 1950 abgerissenen Berliner Stadtschlosses beschlossene Sache. Als Beginn wurde bisher Ende 2010 oder Anfang 2011 angegeben.

Doch hat die Bundesregierung dies im Juni 2010 wegen der Spar-beschlüsse auf 2014 verschoben, und Beobachter mutmaßen, dass auch dieser Termin nicht gehalten wird. Ob der Monumentalbau seine von Andreas Schlüter und anderen Meistern des Barock ge-schaffene Fassade erhält oder erst einmal ohne sie auskommen muss, ist unentschieden und hängt von der Finanzierung ab. Ein Förderverein hat die versprochenen 80 Millionen Euro nicht zu-sammen, um den Betonmantel, aus dem das „neue Schloss" be-stehen wird, wie vor 300 Jahren mit barocken Säulen, Pilastern, Adlern und Kronen zu schmücken. Wo es sich anbietet, werden nach heutiger Planung Architekturelemente und Skulpturen, die den Abriss vor 60 Jahren überstanden haben, in Säle, Treppenhäuser und Höfe eingefügt, ergänzt durch Nachbildungen aus Sandstein, die sich an alten Fotos und Zeichnungen sowie seinerzeit geborgenen Architekturelementen und Skulpturen orientieren. Unklar ist auch, ob das wieder aufgebaute Gebäude seine historische Kuppel zurückbekommt, die rund 15 Millionen Euro kosten würde, oder ein Gebilde aus Stahlstreben, das diese nur andeutet. Als Bausumme wurden vom Bund 552 Millionen Euro festgelegt, doch rechnen Beobachter damit, dass der Wieder-aufbau am Ende erheblich mehr kosten wird, sollte er überhaupt zustandekommen.

Fest steht, dass der Riesenbau als Ausstellungs- und Be-gegnungsstätte genutzt werden soll. Ob er auch gastronomische Einrichtungen haben wird und wer sie betreibt, ist noch nicht bekannt. Die Staatlichen Museen zu Berlin Preußischer Kultur-besitz wollen das Humboldt-Forum zur Präsentation ihrer der-zeit noch in Dahlem ausgestellten Zeugnisse außereuropäischer Kulturen nutzen, müssen sich aber die Räume mit der Humboldt-Universität und der Landesbibliothek teilen, die dort ebenfalls mit Ausstellungen beziehungsweise Büchern und Schriften ver-treten sein werden.

Die Verschiebung des Wiederaufbaus des Stadtschlosses als Humboldt-Forum bringt die Staatlichen Museen in große Schwierigkeiten, denn sie hatten fest mit dem Umzug ihrer welt-weit einmaligen ethnologischen Sammlungen dorthin, in die Mit-te der Stadt, gerechnet und es unterlassen, die aus der Kaiserzeit stammenden Museumsbauten in Dahlem zu sanieren. Angeblich soll diese dringend nötige Arbeit 200 Millionen Euro kosten. Nach derzeitigen Planungen soll 2013 der Grundstein für das Humboldt-Forum gelegt und 2014 mit dem Bau begonnen

Ein großes Poster zeigte 2010, wie das Stadtschloss aussehen wird, wenn es eines Tages als Humboldt-Forum errichtet ist und für Ausstellungen genutzt wird

werden. Die Stiftung Preußischer Kulturbesitz hofft, dass der Bau 2018 oder 2019 eröffnet werden kann. Bis es so weit ist, kann man sich ab Sommer 2011 in der Humboldt-Box auf dem Schlossplatz über das Vorhaben informieren.

STALINALLEE UMBENANNT UND STALINS DENKMAL EINGESCHMOLZEN

Stalin, Stalin über alles – so kann man den Kult um den sowjetischen Diktator beschreiben, der in den frühen fünfziger Jahren in der DDR seltsame Blüten trieb. Nach Stalins Entlarvung als Massenmörder wurde die Stalinallee umbenannt, und auch Denkmäler und Bilder verschwanden aus der Öffentlichkeit.

Der Generalissimus, von dem man nur geglättete, jugendlich wirkende Bilder kannte, war nicht nur Abgott der SED- und Staatsführung. Er war auch ein bevorzugtes Objekt der ostdeutschen Propaganda und von Reimeschmieden wie Johannes R. Becher, Stefan Hermlin und Kuba. Sie schrieben Hymnen auf den siegreichen Feldherrn über Hitlerdeutschland und Erbauer des Kommunismus auf einem Sechstel der Erde, wie man damals sagte. Wenn man diese Gedichte liest und die Lieder hört, die damals bei politischen Veranstaltungen und Festivals rezitiert und

Solange Stalin an der Macht war, wurde er in seinem Herrschafts-bereich und damit auch in der DDR als Halbgott und Über-vater verehrt

gesungen wurden, muss man sehr an sich halten, um nicht zu lachen. Diese Werke aber waren ernst, todernst gemeint, und wer sich über die Wortschöpfungen der damaligen Staatspoeten lustig machte, bekam es mit der Sowjetmacht und ihren ostdeutschen Ablegern zu tun.

Nach Stalins Tod am 5. März 1953 dauerte es drei Jahre, bis man in der Sowjetunion mehr oder weniger deutlich über seine Verbrechen und Fehleinschätzungen sprechen konnte. In der DDR hüllte sich die Parteiführung in Schweigen, sprach verharmlosend von Entgleisungen und von Personenkult rund um den bis dato hymnisch verehrten Genossen Stalin. Erst 1961 entschloss man sich, Stalinstadt in Eisenhüttenstadt umzubenennen, während die Berliner Stalinallee den Namen Karl-Marx-Allee erhielt und das dort an einer Sporthalle aufgestellte Stalindenkmal abgebaut wurde. Angeblich sollen aus der Bronze Tierfiguren für den Tierpark in Berlin-Friedrichsfelde gegossen worden sein.

Was einmal gedruckt ist, kann nicht mehr getilgt werden, es kursiert und bleibt präsent. Und so mögen sich einige eifrig um Stalins literarische Vergötterung bemühte Schreiber schon bald ihrer Worte geschämt haben, nachdem ihr großes Vorbild nicht mehr en vogue war. Johannes R. Becher, Kulturminister und Autor der DDR-Hymne mit der Anfangszeile „Auferstanden aus Ruinen", hatte die Vision, wie Stalin mit Marx und Engels durch Stralsund geht und in Rostock die Traktoren überprüft, wie er die Betriebe an der Ruhr besucht und mit Bauern spricht, wie sich in Dresden die Bilder einer Galerie vor ihm verneigen. „Mit Lenin sitzt er abends auf der Bank, / Ernst Thälmann setzt sich nieder zu den beiden. / „Und eine Ziehharmonika singt Dank, / Da lächeln sie, selbst dankbar und bescheiden". Stalin, der Lenin unserer Zeit, wie man sagte, ist überall, auch in Westdeutschland, das eines Tages von seinen imperialistischen Unterdrückern befreit sein wird, lautet die Botschaft des „Danksagung" genannten Becher-Gedichts, das mit dieser Strophe endet: „Und kein Gebirge setzt ihm eine Schranke, / Kein Feind ist stark genug, ihm zu widerstehn / Dem Mann, der Stalin heißt, denn sein Gedanke / Wird Tat, und Stalins Wille wird geschehn". In schaler Erinnerung bleibt Bechers Vorstellung, dass die Fluten des Rheins und der Kölner Dom von Stalin erzählen. „Und durch den Schwarzwald wandert seine Güte / Und winkt zu sich heran ein scheues Reh".

NATIONALES AUFBAUPROGRAMM BERLIN

Der Abschluß eines Friedensvertrages bedeutet Nationales Aufbauprogramm in ganz Deutschland

Krone des Nationalen Aufbauprogramms war die Berliner Stalinallee. Hier wurden Arbeiter eingesetzt und Materialien verwendet, die anderswo in der DDR fehlten.

In diesem schwülstigen Stil schwangen sich auch andere von der Partei zu weiteren Höhenflügen ermunterte und mit Wohlwollen honorierte Lyriker. In einer seinerzeit intonierten Hymne findet sich dieser Refrain: „Stalin führte uns zu Glück und Frieden, / Unbeirrbar wie der Sonne Flut. / Langes Leben sei Dir noch beschieden: / Stalin, Freund, Genosse, treu und klug". Wie die Dichter so waren auch bildende Künstler dabei, das Bildnis des sowjetischen Übervaters zu verbreiten. Ihre Gemälde, Denkmäler und Büsten werden heute als Auswüchse eines seinerzeit penetrant betriebenen Heldenkults allenfalls noch in Kuriositätenkabinetten großer Museen gezeigt.

STRASSENLAMPEN BEI VOLLMOND GELÖSCHT

Berlin war vor 300 Jahren wie ein großes Dorf mit einem kurfürstlichen, seit 1701 königlichen Schloss und etlichen Kirchen und Adelspalästen, umgeben von einer gezackten Festungsmauer und einigen Trabantenstädten. Bei Dunkelheit spazieren zu gehen, war nicht angenehm, man versank in Schlamm und stolperte durch Löcher, denn fast überall war es finster. Wer es sich leisten konnte, ließ sich mit der Sänfte durch die Straßen und Gassen tragen oder in Kutschen fahren.

Um die Sicherheit auf Straßen und Plätzen zu erhöhen, wurden die Berliner 1679 nach holländischem Vorbild durch ein landesherrliches Edikt verpflichtet, „eine Laterne, da drinnen ein brennendes Licht steckt, aus jedem dritten Haus herauszuhängen, also dass die Lampen von den Nachbarn abwechselnd besorgt werden." Diese ersten Leuchten bestanden aus einem drei bis vier Meter hohen Holzpfahl mit einem aus Glasscheiben gefertigten Behälter obenauf. Darin stand ein Gefäß mit Öl, dessen Docht bei anbrechender Dunkelheit angezündet werden musste. Die von dem Amsterdamer Maler und Konstrukteur Jan van der Heyden entwickelte Novität wurde mit Rübenöl gespeist, das ein

Nur wenige Schritte vom S-Bahnhof Tiergarten entfernt, sind in einem Freilichtmuseum zahlreiche historische Straßenlaternen aufgestellt

mildes Licht ergab. Bei Tagesanbruch wurden die mit Luftlöchern versehenen Lampen gelöscht, gereinigt und mit neuem Brennstoff gefüllt. Das flackernde Feuer schwärzte die Scheiben, weshalb es nötig war, sie tagsüber regelmäßig zu putzen. Die Lampen waren so konstruiert, dass starker Wind das Licht nicht löschen konnte. Auch als man im frühen 19. Jahrhundert Gas statt Öl verwendete, musste jede einzelne Lampe angezündet werden. Dazu war die Stadt in Reviere aufgeteilt. Jedem Anzünder wurden zwischen

Die Schlossbrücke war wie andere Bereiche der Innenstadt in der Kaiserzeit nachts in feierliches Kunstlicht getaucht

45 und 60 Lampen zugeteilt, die teils an langen Stangen aufgestellt, teils mit eisernen Armen an Hauswänden befestigt waren oder auch quer über die Straßen an Seilen oder Ketten hingen.

Das geschah nicht überall in der Stadt. So wurde die vom Großen Kurfürsten angelegte Prachtstraße Unter den Linden mit Kandelabern geschmückt (siehe S. 164), ebenso der Bereich um das Schloss und etliche Marktplätze, während andere Gegenden ohne diesen Komfort auskommen mussten. Die neue Straßenbeleuchtung war eine herrliche Errungenschaft und auch wichtig für Ordnung und Sicherheit in der Stadt, aber sie war sehr kostspielig. Deshalb verzichtete man bei Vollmond auf das teure Kunstlicht, außerdem wurden nur die größeren Plätze und wichtigsten Straßen aufgehellt. Dies geschah auch nicht die ganze Nacht hindurch, sondern nur bis Mitternacht, weil man davon ausging, dass zu später Stunde sowieso niemand mehr etwas auf der Straße zu suchen hat.

Laternenwächter waren Vertrauenspersonen, denen die Obrigkeit einen speziellen Treueid abnahm. Da man in Brandenburg-Preußen war, hat man ihre Arbeit durch Verordnungen streng reglementiert. Bevorzugt wurden ehemalige Soldaten zu Beleuchtern gemacht, so wie Kriegsinvaliden oft als Lehrer weiter dienten. Ein Offizier befehligte die militärisch organisierte und uniformierte „Invaliden-Erleuchtungs-Kompanie", so der Name der in einer Kaserne stationierten Truppe. Bezahlt wurde die städtische Beleuchtung einschließlich der Laternenwächter vom Landesherrn aus den Erträgen der Akzise, also aus Verbrauchssteuern für Kaffee und andere Güter (siehe S. 77), sowie aus Steuern, die Hausbesitzer entrichten mussten. Angesichts leerer Staatskassen zum Beginn des 19. Jahrhunderts infolge der kriegerischen Auseinandersetzungen mit Frankreich und der harten Friedensbedingungen sowie steigender Ölpreise liefen bei der städtischen Beleuchtung hohe Schulden mit der Folge auf, dass Steuern erhöht und die Zahl der Lampen reduziert wurden.

Die Einführung der Gasbeleuchtung in Berlin im Jahr 1826 durch die International Continental Gas Association bereitete dem rußenden Öllicht langsam ein Ende. Doch gab es das ganze 19. Jahrhundert hindurch noch diese antiquierte Beleuchtungsart. Erst 1928 ersetzte man in Köpenick die letzten vier Petroleumlampen durch Gaslicht. Im Jahre 1880 wurde der Pariser Platz am Brandenburger Tor, die gute Stube der Reichshauptstadt, schließlich in das ungewohnt gleißende Licht elektrischer Bogenlampen getaucht. Heute sorgen in Berlin knapp 50 000 öffentliche Straßenleuchten für gute Sicht. Davon werden die meisten elektrisch betrieben, doch es gibt auch noch einige Gaslaternen, die Stadt- beziehungsweise Erdgas verwenden. Eine spezielle Dämmerschaltung mit eingebauten Fotozellen steuert heute die Leuchten je nach Helligkeit und schaltet sie automatisch an oder aus. Eine Sammlung historischer Laternen kann man in einem kleinen Freilichtmuseum in der Nähe des S-Bahnhofs Tiergarten an der Straße des 17. Juni betrachten. Im Deutschen Technikmuseum Berlin im Bezirk Kreuzberg wird überdies die Entwicklung der Straßenbeleuchtung ausführlich dokumentiert.

TOTALER KRIEG FÜHRTE ZUR TOTALEN KATASTROPHE

Als Generalfeldmarschall Friedrich Paulus mit der 6. Armee der deutschen Wehrmacht am 2. Februar 1943 in Stalingrad kapitulierte, legte Nazideutschland Trauer an den Tag. Die Botschaft wurde mit der Aufforderung an die „Volksgenossen" verkündet, jetzt erst Recht alle Kräfte für den „Endsieg" zu mobilisieren. Kurze Zeit darauf verkündete Propagandaminister Joseph Goebbels den totalen Krieg. Mit Stalingrad vollzog sich

Der von Goebbels Anfang 1943 im Berliner Sportpalast verkündete
totale Krieg endete zwei Jahre später in der totalen Katastrophe

*die Wende im Zweiten Weltkrieg, doch viele irregeführte Deutsche kämpften
verbissen weiter bis zum bitteren Ende.*

Als Oberbefehlshaber hatte Hitler seinen Soldaten die Aufgabe
Stalingrads strikt verboten und sie zum Weiterkämpfen auf ver-
lorenem Posten verpflichtet, koste es was es wolle. In der hart
umkämpften Stadt an der Wolga mit dem symbolträchtigen
Namen des sowjetischen Diktators waren im November 1942
rund 250 000 deutsche Soldaten von der Roten Armee eingeschlossen worden. Versuche, aus dem Kessel auszubrechen, wurden
von Hitler untersagt, und es blieb auch bei dem Versprechen von
Reichsmarschall Göring, die Eingeschlossenen aus der Luft zu versorgen. Unzählige sowjetische und deutsche Soldaten ließen bei
grimmiger Kälte und Hunger ihr Leben. 91 000 deutsche Soldaten
gerieten in Kriegsgefangenschaft, nur wenige tausend kehrten in
die Heimat zurück.

Am 18. Februar 1943 hielt Reichspropagandaminister Joseph
Goebbels vor sorgsam ausgesuchten Zuhörern im Berliner Sport-
palast eine Rede, in der er den „totalen Krieg" verkündete und
die Deutschen auf unabdingbare Gefolgschaft Hitlers einschwor.
Höhepunkt der auch im Rundfunk übertragenen Rede war die
Frage „Wollt ihr den totalen Krieg?". Die Antwort war er-
wartungsgemäß ein vielstimmiges „Ja", das von der Propaganda
sogleich als eine Art Volksabstimmung für die Verschärfung des
Kriegskurses interpretiert wurde. Der Minister erhielt tosenden
Beifall, als er in die Menge rief: „Die Engländer behaupten, das

deutsche Volk habe den Glauben an den Sieg verloren. Ich frage euch: Glaubt ihr mit dem Führer und mit uns an den endgültigen totalen Sieg des deutschen Volkes? Ich frage euch: Seid ihr entschlossen, dem Führer in der Erkämpfung des Sieges durch dick und dünn und unter Aufnahme auch der schwersten persönlichen Belastung zu folgen?" Jedesmal antworteten die Kundgebungsteilnehmer mit einem tosenden „Ja", auch als Goebbels rief: „Die Engländer behaupten, das deutsche Volk wehrt sich gegen die totalen Kriegsmaßnahmen der Regierung. Es will nicht den totalen Krieg, sondern die Kapitulation. Ich frage euch: Wollt ihr den totalen Krieg? Wollt ihr ihn, wenn nötig, totaler, radikaler, als wir ihn uns heute überhaupt noch vorstellen können?"

Etwas anderes als lärmende Zustimmung erwartete Goebbels natürlich nicht. Ob alle Teilnehmer mit dem Minister einer Meinung waren, darf bezweifelt werden, manche werden gewusst haben, dass das Großdeutsche Reich am Abgrund steht. Aus den geheimen Gestapoberichten über die Stimmung der Deutschen lässt sich ablesen, dass die Kriegsmüdigkeit zunahm. Angesichts der Gräueltaten der Wehrmacht und der SS an Juden und Kriegsgefangenen fragten sich viele Deutsche jedoch, wie die Siegermächte mit ihnen umgehen werden.

Der Minister verlieh seiner Tirade einen patriotischen Anstrich, als er seine Rede mit dem Aufruf schloss: „Wenn wir je treu und unverbrüchlich an den Sieg geglaubt haben, dann in dieser Stunde der nationalen Besinnung und der inneren Aufrichtung. Wir sehen ihn greifbar nahe vor uns liegen; wir müssen nur zufassen. Wir müssen nur die Entschlusskraft aufbringen, alles andere seinem Dienst unterzuordnen. Das ist das Gebot der Stunde. Und darum lautet die Parole: Nun, Volk steh auf und Sturm brich los!"

Mit diesem Zitat bemühte Goebbels den Dichter Theodor Körner, der seine Landsleute 130 Jahre zuvor in den Befreiungskriegen zum Widerstand gegen Napoleon I. aufrief. Dabei war sich der Propagandaminister im Klaren, dass der Krieg nicht mehr zu gewinnen ist. Seinem Tagebuch vertraute er folgerichtig an: „Diese Stunde der Idiotie. Hätte ich gesagt, sie sollen aus dem dritten Stock des Columbus-Hauses springen, sie hätten es auch getan." Wer von den „Volksgenossen" ähnlich dachte und dies aussprach, musste allerdings mit Todesstrafe wegen sogenannter Wehrkraftzersetzung rechnen. Unter diesem Vorwurf wurden bis zum bitteren Ende tausende Menschen ermordet.

TRÄNENPALAST ERHÄLT NEUE AUFGABEN

Wer kennt noch die Übergangsstelle am Bahnhof Friedrichstraße, durch die in „Mauerzeiten" tagtäglich unzählige Menschen geschleust wurden, welche den West- oder den Ostteil Berlins besuchen wollten? Mit Recht hat die gläserne Halle, in der Gäste begrüßt und verabschiedet wurden und in der DDR-Bewohner, denen man die „Ausreise" in den Westen gestattete, ihr bisheriges Leben hinter sich ließen, den Namen Tränenpalast bekommen.

Wer heute durch die Scheiben des Glashauses schaut, sieht in einen leer gefegten Raum mit alten Abfertigungsständen, die Uhr im Hintergrund ist stehen geblieben. Doch bald schon soll Leben in die ehemalige Grenzübergangsstelle einziehen. Das Haus der Geschichte in Bonn will hier auf 400 Quadratmetern Ausstellungsfläche über die wechselvolle Geschichte der deutsch-deutschen Beziehungen berichten und zeigen, was Teilung und Grenze im Alltag unseres Landes hüben wie drüben bedeuteten und welche Rolle dabei die mit so vielen Emotionen belastete Übergangsstelle unweit des Bahnhofs Friedrichstraße spielte.

Das Gebäude besaß im Inneren ein unterirdisches, gruseliges Labyrinth von Kontrollstationen der Sicherheits- und Zollorgane des zweiten deutschen Staates. Hier waren zahlreiche Abfertigungsschalter aufgestellt, in der DDR-Grenzer die ihnen vorgelegten Pässe genauestens studierten und deren Fotos mit den Gesichtern der vor ihnen stehenden Personen verglichen. Durch

Viele Menschen, die den Tränenpalast passierten, ließen Gefühlen der Freude und der Trauer freien Lauf. Dem unter Denkmalschutz stehenden Bauwerk steht ein Comeback als Gedenk- und Begegnungsstätte bevor.

unterirdische Gänge und weitere Visitationspunkte sowie Zahlstellen für den Zwangsumtausch (siehe S. 184) gelangte man auf einen besonders gesicherten Bahnsteig des Bahnhofs Friedrichstraße, von wo aus die Fahrt in den Westteil der Stadt weiterging. Inhaber ausländischer Pässe und von Sondergenehmigungen passierten die Grenzübergangsstelle ohne Zeitverzug durch spezielle Zugänge. Der große Rest musste warten und intensive Personen- und Gepäckkontrollen über sich ergehen lassen.

Ein paar Wochen nach dem Mauerfall am 9. November 1989 hatte der Tränenpalast noch eine Galgenfrist als Übergangsstelle, jetzt ohne die intensiven Kontrollen. Nach der Wiedervereinigung am 3. Oktober 1990 stellte man das Gebäude unter Denkmalschutz, anders als die Mauer, die zeitgleich bis auf wenige Reste abgetragen wurde. Als wichtiger und beliebter Treff der Berliner Kulturszene diente der Tränenpalast bis zur Schließung 2006 als Bühne für Kabarett, Lesungen und Konzerte. Hier traten Größen von Rock und Pop auf, aber auch der künstlerische Nachwuchs konnte seine Talente unter Beweis stellen. Eine zweite tragende Säule war der Eventbereich mit Pressekonferenzen, Buch- und Produktpräsentationen sowie Fernsehaufzeichnungen und Firmenveranstaltungen.

Solche Veranstaltungen wird es künftig in der ehemaligen Übergangsstelle nicht mehr geben. Stattdessen will das Haus der Geschichte in Bonn mit der Stiftung Berliner Mauer zu Ausstellungen, Lesungen, Führungen und Gesprächen mit Zeitzeugen einladen, in denen über alle Probleme im Zusammenhang mit der deutschen Teilung und über das Grenzregime der DDR informiert wird. Außerdem werden eine ehemalige Abfertigungsbox der Grenzer sowie weitere originale Utensilien aufgebaut. Man kann voraussagen, dass der Tränenpalast, wenn er irgendwann als Gedenkstätte eröffnet ist, ein neuer Stern am Berliner Museums- und Veranstaltungshimmel wird. Die besondere Vergangenheit und das eigenartige Flair werden schon dafür sorgen. Die Mauergedenkstätte an der Bernauer Straße und eine Ausstellung im Nordbahnhof über die so genannten Geisterbahnhöfe berichten ausführlich über das tödliche Grenzregime quer durch Berlin.

Der im Jugendstil erbaute U-Bahnhof Bülowstraße ist ein schönes Zeugnis für die Mühen um gut gestaltete Verkehrsbauten vor hundert Jahren

U-BAHN FUHR ANFANGS
MEIST OBERIRDISCH

Als sich am 15. Februar 1902 ein Konvoi vom Bahnhof Warschauer Straße in Richtung Zoologischer Garten in Bewegung setzte, begann in Berlin gegen manche Widerstände das Zeitalter der, wie man damals sagte, Unterpflasterbahn. Anfangs allerdings fuhr die U-Bahn weitgehend als Hochbahn, die sich auf Stelzen oberirdisch durch die Reichshauptstadt schlängelte. Nur ein kleiner Streckenabschnitt der U 1 tat dies unterirdisch.

Die kaiserliche Reichshauptstadt hinkte, was die Untergrundbahn betrifft, anderen Metropolen nach. Den Anfang mit dem neuen Verkehrsmittel hatte London gemacht, wo bereits 1863 eine Tunnelverbindung zwischen den Bahnhöfen Paddington und Farringdon Street geschaffen wurde. Da hier Dampfloks mit ihren stinkenden Rauschwaden hindurchfuhren, war die Strecke nicht sehr populär. 1879 stellte Werner (von) Siemens auf der Berliner Gewerbeausstellung sein elektrisch betriebenes Schienenfahrzeug und ein Jahr später erste Pläne für eine damit angetriebene Bahn vor. Der geniale Konstrukteur dachte an eine Tram, die durch die Stadt schwebt, aber auch in die Tiefe zu gehen vermag, wenn es die Verkehrsverhältnisse verlangen.

Da Siemens in Berlin nicht wie gewünscht zum Zuge kam, baute er mit seiner Firma zwischendurch die U-Bahn in Budapest. Der

Erfolg in der ungarischen Metropole gab den Bestrebungen an der Spree den nötigen Schwung, und so erfolgte 1896 der erste Spatenstich in der Gitschiner Straße in Höhe des Patentamtes. Es sollte dann noch sechs Jahre dauern, bis der Bau der rund zehn Kilometer langen Stammstrecke vollendet war. Viel Zeit war verstrichen, weil die Berliner Behörden erhebliche Einwände gegen die Neuerung hatten. Sie befürchteten, die unterirdischen Abschnitte könnten das eben erst fertig gestellte Netz für die Wasserver- und -entsorgung gefährden (siehe S. 56). Hinzu kam, dass sich die damals selbständigen Städte Berlin, Charlottenburg und Schöneberg erst nach langen Verhandlungen über die Gewinnbeteiligung an der U-Bahn, Streckenverlauf, Grundstücksverkäufe und andere Fragen einigten. Außerdem warnte man vor einer „Verschandelung" der Stadt durch die auf Stelzen gebauten Trassen.

Eröffnet wurde die Strecke nach Überwindung mancher Querelen am 15. Februar 1902 mit einer Sonderfahrt des preußischen Ministers für öffentliche Arbeit, von Abgesandten der damals selbständigen Gemeinden Berlin, Charlottenburg und Schöneberg und von Vertretern der beteiligten Betriebe und der Banken. Die Neuerung verschlang pro Kilometer U-Bahn die damals ungeheure Summe von 2,5 Millionen Mark. Darin waren auch Kosten für Grundstücksankäufe, ober- und unterirdische Bahnhöfe und Durchbrüche durch Häuserzeilen einbegriffen. Das Gemeinschaftsunternehmen der Firma Siemens & Halske und der Deutschen Bank vollendete bis 1913 ein Streckennetz von 36 Kilometern. Heute verfügt die U-Bahn über 147 Kilometer.

Entgegen allen Unkenrufen eroberten sich die Berliner das neue Verkehrsmittel sehr schnell. Dabei half, dass in der Presse kräftig die Reklametrommel für die Novität schlug. Da man anfangs einen nicht zu bewältigenden Ansturm befürchtete, wurden die Fahrpreise mit 30 und 50 Pfennigen für zwei unterschiedliche Klassen recht hoch angesetzt. Schon bald kostete das Ticket 10 und 15 Pfennige, was damals immer noch viel Geld war. Bereits im Eröffnungsjahr 1902 zählte man 19 Millionen und 1903 bereits 30 Millionen Fahrgäste.

Gegen die Beliebtheit der U-Bahn kamen Kritiker wie der Schriftsteller Alfred Kerr nicht an. Er empfand Unbehagen und rang sichtlich nach Worten, als er schrieb: „Die Bülowstraße hat sich verändert. Welcher verblüffende Anblick: das Eisengestell einer Überbahn, rot lackiert und grau gestrichen, steigt in plumper Scheußlichkeit empor zwischen den Häusern, zwischen den Bäumchen, barbarischer, ekliger, gottverlassener, blöder, bedauernswerter, mickriger, schändlicher, gerupfter, auf den Schwanz getretener sieht nichts in der Welt aus".

Mit den Jahren entstand ein sehr modernes Verkehrsnetz, sowohl unter der Erde als auch oberirdisch. So haben Benutzer der U-Bahn das Vergnügen, die Stadt auch von oben anzuschauen. Bequem ist es heute wie damals, unterhalb der auf Stelzen fahrenden Bahn zu laufen. Der „längste Regenschirm" der Welt oder auch „Magistratsregenschirm" erlaubt es, trockenen Fußes lange Strecken durch die Stadt zurückzulegen.

Beschädigung durch Bombentreffer und Artilleriebeschuss legten die U-Bahn im Zweiten Weltkrieg zeitweilig lahm. Doch verheerender wirkten sich die Sperrmaßnahmen nach dem Bau der Mauer 1961 aus. Brutal wurde das ausgeklügelte Verkehrsnetz unterbrochen. An und unter der Mauer endete auch die U-Bahn, und wo es sich nicht vermeiden ließ, rauschten die Züge ohne Halt durch die dunklen Geisterbahnhöfe. Erst nach dem Fall der Mauer 1989 wurden die Transitstrecken mit großen Kosten reaktiviert, so dass heute die U-Bahn das wohl schnellste und sicherste Mittel ist, von der Warschauer Straße nach Krumme Lanke, von Spandau nach Pankow, von Alt-Tegel nach Alt-Mariendorf und in andere Stadtviertel zu kommen.

Einige unter Denkmalschutz stehende U-Bahnhöfe sind noch weitgehend im Originalzustand erhalten. Obwohl ursprünglich nur eine sehr einfache und kostensparende Bauweise geplant war, hat man sie in der Kaiserzeit prächtig ausstaffiert. Da sich Berlin gerade zur Weltmetropole mauserte, wollte man anderen Hauptstädten auch in dieser Beziehung nicht nachstehen, und so setzten sich jene Künstler und Architekten durch, die nach „ansprechender Wirkung der Bahn auf das Stadtbild" verlangten. Dabei hat man manchen Stilmischmasch zugelassen. Die Station Warschauer Straße und die sich anschließende Oberbaumbrücke, die Friedrichshain und Kreuzberg verbindet, ahmt märkische Backsteingotik nach. Neorenaissance, Neobarock, Jugendstil, Neue Sachlichkeit und Schick der fünfziger Jahre präsentieren sich in anderen Bahnhöfen. So kann man mit der U-Bahn auch eine Reise durch die Baustilkunde unternehmen, ohne einen Fuß bewegen zu müssen.

UNTER DEN LINDEN MIT STRAFGELDERN FINANZIERT

Bescheiden waren die Anfänge der Prachtstraße Unter den Linden, und dünn die Bäume, die hier vor 360 Jahren auf Befehl des Kurfürsten Friedrich Wilhelm gepflanzt wurden. Eine kuriose Form der Finanzierung des ehrgeizigen Projekts durch Strafgelder schonte die Staatskasse.

Zunächst wurde der sandige Reitweg von der Hundebrücke, der heutigen Schlossbrücke, zum Tiergarten mit jeweils tausend Nuss- und Lindenbäumen bepflanzt. Damit setzte der Landesherr ein Zeichen, und schon bald begannen der Ausbau Berlins und Cöllns als Festung und zu einer prächtigen Residenzstadt. Während Not und Krankheit das vom Dreißigjährigen Krieg besonders hart getroffene Land heimsuchten, ließ der Herrscher „allerhand außlendische frömbde Bäume und raritaeten von gewechße" kommen. Exotische Blumen und Obstsorten sowie duftende Küchenkräuter für die kurfürstliche Tafel und Küche wurden im Schlossgarten angepflanzt. Außerdem ließ der Kurfürst den Lustgarten zu Füßen des Renaissanceschlosses – der Ausbau zu einem barocken Palast stand noch bevor - mit kostbaren Figuren und Springbrunnen ausstatten. Erstmals wuchsen hier auch „Tartuffeln", also Kartoffeln, die vor allem als Volksnahrungsmittel Karriere machten.

Die Straße Unter den Linden war in der Barockzeit mit dünnen Bäumen besetzt, farbige Zeichnung von Johann Stridbeck aus dem Jahr 1691, Staatsbibliothek zu Berlin Preußischer Kulturbesitz

Im 19. Jahrhundert war Unter den Linden ein Prachtboulevard, auf dem sich die feine Berliner Gesellschaft sehen ließ und gesehen werden wollte

Seit Frühjahr 1647 zogen Gärtner los, um die Baumreihen auszumessen und Gruben für die Linden auszuheben. Doch den Verlauf der Allee festzulegen, war schneller getan als die Bäume zu beschaffen. Denn so viel geeignetes Gewächs von gleicher Größe und Güte stand nicht zur Verfügung. Kurfürstliche Räte schlugen ihrem Herrn vor, die Pflanzung in den Herbst zu verlegen. Die Bäume könnten jetzt im Frühjahr sowieso nicht anwachsen, und es sei zu befürchten, dass sie vertrocknen. Friedrich Wilhelm zeigte sich einsichtig. Den Gärtnern wurde befohlen, die Gruben „mit guter Erde" aufzufüllen, „welches dann bey der Einsezung den Bäumen wohl zu Statten kommen und die Bewürzel- und Wachsung umb so viel beßer befördern wirdt".

Die nicht geringen Kosten wurden auf ziemlich dubiose Weise bestritten. Denn der Kurfürst bestimmte, dass „Straffgelder" verwendet werden sollten, also Gebühren, die Missetäter entrichten mussten. Diese Art Geldbeschaffung hatte jedoch Tücken, denn sie hing davon ab, wie viele Taler die Gerichte eintrieben, und sie verlockte zur Rechtsbeugung, weil die Gefahr bestand, dass jemand nur mit Blick auf Realisierung des landesherrlichen Verschönerungsplans zu einer Geldstrafe verdonnert wurde. Unter diesen Umständen konnten die Gärtner natürlich nicht planmäßig arbeiten, und so dauerte es Jahre, bis die Allee komplett bepflanzt war.

Mit der Anlage der „Linden" hatte der Große Kurfürst ein Zeichen gesetzt – die Errichtung der „Newen Stadt", an deren Beginn das Zeughaus als kurfürstliches und königliches Waffenarsenal erricht wurde (siehe S. 174). Schon bald folgten weitere barocke Prunkbauten sowie nach Vertretern des Herrscherhauses benannte Siedlungen. Die zum Tiergarten verlaufenden Baumreihen waren anfangs knapp einen Kilometer lang und führten zunächst von der Hundebrücke, der heutigen Schlossbrücke, bis etwa zur heutigen Schadowstraße. Unter dem Soldatenkönig Friedrich Wilhelm I. wurden die Baumreihen bis an das Viereck vor dem Brandenburger Tor, damals Quarree und heute Pariser Platz genannt, verlängert. Stiche aus dem 18. Jahrhundert zeigen bereits reichhaltigen Baumbewuchs und regen Publikumsverkehr auf Berlins prächtigster Straße, die unter Friedrich dem Großen mit der Oper, dem Prinz-Heinrich-Palais (Humboldt-Universität) und weiteren repräsentativen Bauten besetzt und im ausgehenden 18. Jahrhundert durch das klassizistische Brandenburger Tor mit der Quadriga obenauf abgeschlossen wurde (siehe S. 116).

In den vergangenen Jahren erhielt die Straße Unter den Linden weitgehend ihre alte Form zurück. Während der Rekonstruktion wurden unter anderem die unansehnlichen Peitschenlampen durch kaiserzeitliche Kandelaber ausgetauscht, ein Parkplatz zwischen Universität und Staatsoper beseitigt sowie die aus dem frühen 19. Jahrhundert stammenden Denkmäler preußischer Militärs gegenüber der Neuen Wache aufgestellt. Außerdem erhielt der Pariser Platz, den man auch Berlins gute Stube nennt, seine alte Form zurück. Die Bauwerke, die ihn umschließen, passen sich zumindest in den Dimensionen den im Zweiten Weltkrieg zerstörten und danach abgetragenen Palais, Botschaften und Hotels an.

Der Pariser Platz wird Berlins gute Stube genannt. Zu Mauerzeiten gab es hier nur das Brandenburger Tor und Reste des alten Hotels Adlon, dafür aber jede Menge Betonsperren und DDR-Grenzsoldaten

Die von Hitler und Speer geplante Große Halle wurde wegen des Kriegsverlaufs nicht gebaut. Modell in der Geschichtsausstellung im Deutschen Dom auf dem Gendarmenmarkt

WELTHAUPTSTADT GERMANIA WAR EIN HIRNGESPINST

Hitler als Massenmörder, brüllender Feldherr, zittriger Greis im Bunker der Reichskanzlei – bei der Berichterstattung über das sogenannte Dritte Reich wird oft vergessen, dass sich der Diktator auch als Bauherr betätigte. Zum Glück wurden seine himmelschreienden Architekturvisionen nicht verwirklicht, denn der Zweite Weltkrieg machte einen Strich durch die Pläne, Berlin in die „Welthauptstadt Germania" zu verwandeln.

Allein in Berlin haben an die hundert vom „Führer" und seinem Lieblingsarchitekten Albert Speer entworfene oder von anderen in ihrem Geist errichtete Häuser, Straßen und Plätze die Kriegs- und Nachkriegszeit überstanden. Zu den Staats-, Partei- und Militärbauten und den Konzernzentralen gesellen sich über die Stadt verteilte Wohnsiedlungen mit viel Fachwerk und allerlei kunsthandwerklichem Zubehör. Architektur hatte im Hitlerreich politische Botschaften zu transportieren. Öffentliche Räume und Bauten wurden genutzt, um nationalsozialistisches Gedankengut sozusagen in Stein zu meißeln und im eigenen Volk zu festigen sowie der Welt zu demonstrieren, wie die neue Herrenrasse „aus dem Chaos eine Neuordnung" gestaltet, wie Hitler 1937 erklärte. „Deshalb sollen unsere Bauwerke nicht gedacht sein für das Jahr

1940, auch nicht für das Jahr 2000, sondern hineinragen gleich den Domen unserer Vergangenheit in die Jahrtausende der Zukunft".

Der „Neuaufbau von Berlin als Hauptstadt des Deutschen Reiches" sollte bis 1950 abgeschlossen sein. Er sah breite, sich kreuzende Prachtstraßen und riesige Bauwerke der NSDAP und des Staates sowie der Wehrmacht, Wirtschaft und Kultur vor, in denen sich die Macht und Größe des Regimes dokumentieren sollten. Bezugspunkt der Bauplanungen war die sogenannte Große Halle des Volkes, die mit einer Höhe von 290 Metern Platz für 150 000 bis 180 000 Menschen bieten sollte. Der benachbarte Reichstag wäre im Schatten dieses gigantischen Bauwerks auf die Größe einer Spielzeugschachtel geschrumpft, was als Ausdruck der Überwindung des „alten Systems", also der Zeit des Parlamentarismus, auch gewollt war, und auch das Brandenburger Tor wäre bei dieser Maßstabslosigkeit optisch verschwunden.

Vorgesehen war der Abriss von Altstadtquartieren, auf deren Fläche neue Verwaltungsgebäude errichtet werden sollten. Außerdem waren neue Museumsbauten geplant, die gegenüber der als zu klein und verstaubt betrachteten Museumsinsel aus der Kaiserzeit angesiedelt werden sollten. Geplant waren ferner Aufmarsch-

Die Staatliche Münze am Molkenmarkt ist ein typischer Bau aus der NS-Zeit. Hier hat man nach dem Krieg DDR-Münzen und ab 1990 bundesdeutsches Hartgeld geprägt, Ende 2005 zog die Fabrik in den Bezirk Reinickendorf, seither steht das Gebäude leer.

Ursprünglich als Sitz der Reichsbank errichtet, war der Monumentalbau am Werderschen Markt in DDR-Zeiten Sitz des Zentralkomitees der SED und ist heute, um einen Anbau ergänzt, Außenministerium

plätze, ein Triumphbogen, neue Bahnhöfe und andere „Werke für die Ewigkeit, nur mit dem alten Ägypten, Babylon und Rom vergleichbar", um Hitler noch einmal zu zitieren.

Nach 1945 blieben im kriegszerstörten Berlin einige bauliche Zeugnisse des untergegangenen Nazistaates erhalten. So wurde das Reichsluftfahrtministerium an der Ecke Wilhelmstraße/ Leipziger Straße nach Beseitigung von Reichsadlern und Hakenkreuzen als Verwaltungsbau weiter genutzt. Bis zum Ende des zweiten deutschen Staates war der riesige Komplex hart an der Grenze zu Westberlin und nahe des heutigen Dokumentationszentrums Topographie des Terrors, Haus der Ministerien der DDR. Danach wurde es in das Bundesministerium der Finanzen umgewandelt.

Erhalten blieben auch das von Goebbels geleitete Propagandaministerium in der Mauerstraße, die in DDR-Zeiten vom Zentralkomitee der SED genutzte Reichsbank am Werderschen Markt und die Staatliche Münze am Molkenmarkt, aber auch das zur Olympiade von 1936 geschaffene Reichssportfeld sowie mehrere Verwaltungsgebäude und Kasernen. Hingegen ver-

*Futuristische Entwürfe für ein sogenanntes Reichshaus in der Nach-
barschaft des Reichstagsgebäudes wurden in der Weimarer Republik
nicht verwirklicht*

schwanden die nach Plänen von Albert Speer gebaute Neue
Reichskanzlei und weitere stark beschädigte Regierungspaläste
an der Wilhelmstraße durch Abriss und Enttrümmerung aus
dem Straßenbild. Das gleiche widerfuhr der kriegszerstörten
SS- und Gestapozentrale, auf deren Gelände das in einem neuen
Gebäude Dokumentationszentrum Topographie des Terrors
über die Verbrechen des Naziregimes informiert.

Erwähnt sei, dass es in den 1920er Jahren für den Spreebogen, auf
dem sich einige von Hitlers Monumentalbauten erheben sollten
und der nun vom Bundeskanzleramt sowie von Bauten des
Bundestages besetzt ist, Planungen für den Bau von Hochhäusern
nach amerikanischem Vorbild gab, mit denen sich Berlin als Weltmetropole profilieren wollte. Allerdings wurden die Projekte –
unter anderem für ein riesiges Reichshaus am Königsplatz, dem
heutigen Platz der Republik – nicht verwirklicht. Wäre es gebaut
worden, hätte das benachbarte Reichstagsgebäude unscheinbar
ausgesehen.

ZEITUNGSVIERTEL IM SCHATTEN
DER MAUER NEU BELEBT

*Nach längerem Aufenthalt in München kehrte 2004 der traditionsreiche
Ullstein-Verlag wieder nach Berlin, an seinen Ursprungsort, zurück. Ohne
Zweifel stärkte der Umzug des Buchverlags von der Isar an die Spree den*

Medienstandort Berlin und brachte die wechselvolle Geschichte eines Unternehmens in Erinnerung, das im Kaiserreich und der Weimarer Republik sowohl mit auflagenstarken und beliebten Zeitungen Furore machte als auch unzählige Bücher publizierte, in der Nazizeit aber aus politischen und rassistischen Gründen zerschlagen wurde. Der jüdische Verlagsgründer Leopold Ullstein hatte seine Karriere im Revo-

Zeitungsverkäufer auf den Straßen von Berlin, Zeichnung von Heinrich Zille

lutionsjahr 1848 in Berlin als Papierhändler begonnen. Da er sich nicht mit unbedrucktem Papier begnügen wollte, begann er, es in Form von Zeitungen sinnvoller zu nutzen. Durch Kauf der „Deutschen Union", aus der schon bald die „Berliner Zeitung" hervorging, sowie Herausgabe der „Berliner Abendpost" und der „Berliner Morgenpost" schuf er die Grundlage für sein Zeitungsimperium. Ullsteins Blätter bildeten einen Gegenpol zur konservativen Presse. Wegen der Kritik an den politischen Verhältnissen waren sie auch in Prozesse wegen Majestätsbeleidigung verwickelt. Ab und zu wurden unter diesem Vorwurf ganze Auflagen beschlagnahmt. Dem Berliner Militär wurde sogar untersagt, liberale Blätter, allen voran die „Berliner Zeitung", zu abonnieren und zu lesen. Natürlich hat das nicht viel genutzt, im Gegenteil vergrößerten solche Verbote die Popularität der abgestraften Zeitungen.

Renommierte Autoren wie Alfred Kerr und Theodor Wolff verhalfen schon früh den in hohen Auflagen gedruckten Zeitungen aus dem Hause Ullstein zu Ansehen. Ende des 19. Jahrhunderts hatte die „Morgenpost" bereits rund 160 000 Abonnenten. Indem sich das Blatt intensiv um seine Leser kümmerte und durch Umfragen und Diskussionen die fürs Überleben so wichtige Bindung zwischen Lesern und Zeitung stärkte, eroberte sie sich hohe

Marktanteile. Dass die „Mopo" auch naturwissenschaftliche Bildung verbreitete, stärkte ihr Ansehen und lag im Trend der Zeit, in der es hieß „Wissen ist Macht".

Nach dem Tod von Leopold Ullstein (1899) entwickelte sich der Verlag unter der Leitung seiner Söhne zum größten Medienunternehmen in Europa. Mit der Schaffung der „B. Z. am Mittag" entstand 1904 das erste Boulevardblatt Deutschlands. Großen Erfolg hatte auch die mit vielen Fotos und Zeichnungen, Reportagen und Fortsetzungsromanen bestückte „Berliner Illustrirte Zeitung", die bis heute auf das „ie" im Namen verzichtet. Bekannte Autoren wie Arthur Schnitzler, Gerhart Hauptmann und Ricarda Huch schrieben für das beliebte Journal und stärkten sein Ansehen.

Die 1927 erstmals gedruckte „Grüne Post" war als Sonntagszeitung zunächst für Leute auf dem Lande bestimmt, eroberte sich aber auch in den Städten eine große Leserschar und erreichte so eine Millionenauflage. Weitere Blätter des Hauses Ullstein wandten sich speziell an Frauen und Kinder. Ein wichtiger Zugang gelang durch Übernahme der Vossischen Zeitung. Im Jahre 1704 als „Berlinische Ordinaire Zeitung" gegründet und 1751 von dem Buchhändler Christian Friedrich Voss übernommen, besaß sie den Ruf, besonders seriös und ausgewogen zu berichten. 1934 musste die „Tante Voss", für die auch Theodor Fontane geschrieben hatte, auf Druck der Nazis ihr Erscheinen einstellen.

Nach der Errichtung der Hitlerdiktatur im Jahre 1933 wurde der jüdischen Familie Ullstein die Arbeits- und Lebensgrundlage entzogen. Der Verlag wurde erst gleichgeschaltet und 1934 arisiert, wie man damals sagte. Seine Besitzer mussten das Unternehmen zu einem Spottpreis hergeben. Als „Deutscher Verlag" existierte es unter der Aufsicht des Reichspropagandaministeriums weiter.

Ullsteins Wiedergeburt gelang nach dem Zweiten Weltkrieg. Kurz vor Errichtung der Berliner Mauer (1961) erwarb der Axel Springer Verlag die Aktienmehrheit. Mit dem Bau des Springerhauses an der Kochstraße griff der Springer-Konzern die Tradition des alten Berliner Zeitungsviertels wieder auf, das Jahrzehnte zuvor an dieser Stelle entscheidend durch das Haus Ullstein geprägt wurde. Für die Machthaber in Ostberlin war der Verleger eine absolute Hassfigur. Als Politiker und andere Personen im Westen die deutsche Wiedervereinigung aufgegeben

Den Ostberliner Machthabern war das noch vor dem Mauerbau errichtete Springerhochhaus ein Dorn im Auge

und sich mit der deutschen Zweistaatlichkeit arrangiert hatten, war es Axel Springer, der eisern an diesem Ziel festhielt. Doch auch linke Kreise im Westteil der Stadt sahen in ihm und seinem Zeitungsimperium ihren Feind Nummer 1, weshalb rund um das Verlagshochhaus in Grenznähe Straßenschlachten stattfanden. Kaum jemandem von denen, die sich mit der Polizei prügelten, wäre in den Sinn gekommen, nach drüben ins angeblich viel bessere Arbeiter-und-Bauern-Paradies zu gehen, denn sie wussten nur zu genau, dass sie vom Regen in die Traufe kommen.

Ein U-Bahnhof, eine Straße und das Ullsteinhaus in Mariendorf (Bezirk Tempelhof-Schöneberg) tragen den Namen des Traditionsverlags. Eine Gedenktafel am Haus Bettinastr. 4 in Grunewald (Bezirk Charlottenburg-Wilmersdorf) ist Hans Ullstein, gewidmet, der den Verlag mit seinen Brüdern geleitet hat. Sie erinnert daran, dass die Nationalsozialisten die Verlegerfamilie aus Deutschland vertrieben und sie ihres Vermögens beraubt haben. Der Verlagsgründer Leopold Ullstein, der sich auch als Berliner Stadtverordneter einen Namen gemacht hat, ist auf dem Jüdischen Friedhof an der Schönhauser Allee bestattet.

ZEUGHAUS ALS WAFFENARSENAL UND MUSEUM

Sechs Jahre war das Zeughaus Unter den Linden in Berlin wegen Sanierungsarbeiten geschlossen. Anfang Juni 2006 wurde im ehemaligen preußischen Waffenarsenal eine neue Dauerausstellung des Deutschen Historischen Museums (DHM) eröffnet.

Für die bis in die Römerzeit zurückreichende Dokumentation steht eine über zwei Etagen verteilte Fläche von 7500 Quadratmetern zur Verfügung. Die Zeitspanne reicht von frühen keltischen Goldmünzen und Zeugnissen der Schlacht im Teutoburger Wald im Jahre 9 nach Christus bis zum Fall der Berliner Mauer sowie zu Fotos und Dokumenten, die über die Wiedervereinigung 1990 und den konfliktreichen Einigungsprozess danach berichten. Das von Johann Arnold Nering, Martin Grünberg, Andreas Schlüter und anderen errichtete Zeughaus war vor über 300 Jahren eines der ersten Repräsentationsbauten an der unterm Großen Kurfürsten Friedrich Wilhelm angepflanzten Straße Unter den Linden (siehe S. 164).

Zu den bedeutendsten Leistungen barocker Bildhauerkunst gehören die Masken sterbender Krieger von Andreas Schlüter. Die Schlusssteine schildern ungeschminkt das Leiden und Sterben auf den Schlachtfeldern.

Die lange lateinische Inschrift über dem Eingang erinnert an den Bauherrn, Preußens ersten König Friedrich I., der hier Bronzegeschütze, eroberte Fahnen und andere Kriegstrophäen, aber auch Schuss- und Stichwaffen seiner Soldaten aufbewahrte. Ein elegant gestaltetes Glasdach über dem quadratischen Innenhof schützt nicht nur die Ende des 17. Jahrhunderts von Andreas Schlüter geschaffenen 22 „Mas-

Das nach 1945 wieder aufgebaute Zeughaus war in DDR-Zeiten Museum für Deutsche Geschichte und ist seit 1990 Sitz des Deutschen Historischen Museums

ken sterbender Krieger" und weiteren Skulpturenschmuck über Türen und Fenstern, sondern bedeckt auch eine große Fläche, die für repräsentative Veranstaltungen und Konzerte genutzt wird. Die aus abgeschlagenen Köpfen und Adlern bestehenden Schlusssteine kontrastieren in ihrer hellen Sandsteinfarbe zu den rosa geputzten Wänden. Der im Barock nicht überdachte Hof erhielt erst in der Kaiserzeit eine monumentale Glaskuppel, als das Zeughaus zur preußisch-deutschen Ruhmeshalle umfunktioniert wurde. Nach dem Zweiten Weltkrieg verzichtete man auf eine Rekonstruktion der Kuppel.

Erinnert sei, dass das Berliner Zeughaus in der Revolution von 1848 eine bedeutende Rolle gespielt hat und deshalb ein wichtiger Geschichtsort ist. Am 14. Juni 1848 erstürmten Arbeiter und Handwerker, empört über die ausgebliebene Verbesserung ihrer Lebenslage und die Ignoranz des Königs, sich auf Herstellung verfassungsmäßiger Zustände einzulassen, das von Bürgerwehr und königlichem Militär besetzte Waffenarsenal. Friedrich Wilhelm IV. setzte seine Soldaten in Marsch und ließ, wie am 18. März 1848, in den „Pöbel" schießen. In der Zeit des National-sozialismus wurden im Hof des Zeughauses Heldengedenkfeiern veranstaltet. Nach dem Zweiten Weltkrieg hat die DDR-Re-gierung die monumentale Ruine wieder aufbauen lassen, um hier das Museum für Deutsche Geschichte als zentrale Sammel- und Präsentationsstätte einzurichten.

Das 1987 gegründete Deutsche Historische Museum übernahm nach dem Fall der Mauer die Sammlungen und einen Teil der Mitarbeiter und nutzt das Zeughaus seither für seine Dauer- und Sonderausstellungen. Für diese erhielt er 2004 einen interessanten Anbau auf einem dreieckigen Grundstück in der Nähe. Nach Plänen des amerikanischen Architekten chinesischer Abstammung Ieoh Ming Pei erbaut, dient das Schauhaus aus französischem Kalkstein, Beton, Granit und viel Glas der Präsentation von Sonderausstellungen.

ZITADELLE SPANDAU
ALS KAISERLICHES SCHATZHAUS

Wenn jemand vor ein paar hundert Jahren drohte „Du kommst nach Spandau", war das gefürchtete Gefängnis in der Zitadelle gemeint. Spandauer und ihre Gäste fragen beim Besuch, warum dort der Juliusturm durch eine ungewöhnlich starke Tresortür gesichert ist, und erfahren, dass in dem Gemäuer von 1874 bis 1919 der sogenannte Reichskriegsschatz eingelagert war.

Heute ist die Ende des 16. Jahrhunderts nach Plänen des italienischen Festungsbaumeisters Rochus zu Lynar erbaute Zitadelle nicht nur die am besten erhaltene Anlage der Region, sie ist auch ein beliebtes Touristenziel und besitzt ein sehenswertes Museum. Dort wird über das Befestigungsprogramm der brandenburgischen Kurfürsten im 16. und 17. Jahrhunderts berichtet, dem der Bau der Festungen von Spandau, Peitz, Küstrin und – was wenig bekannt ist – Berlin zu verdanken ist. Ursprünglich hatten die Hohenzollern ihren Herrschaftsbereich mit mehr als diesen Anlagen sichern wollen. Doch hinderten sie finanzielle Schwierigkeiten an der Ausführung des ehrgeizigen Plans. Im Rahmen der Reformation eingezogene Kirchenschätze und -güter wurden unter anderem für den Bau der Wälle und Türme, Gräben, Gewölbe und Bastionen verwandt. Dazu kamen Sondersteuern, die den Ständen und Städten auferlegt wurden.

Dass sich die so geschröpften Untertanen weigerten, den Festungszins zu zahlen, ist verständlich. Im Falle der zum Schutz vor „vielen auswertigen unchristlichen feinden" erbauten Spandauer Zitadelle versuchte Kurfürst Joachim II. die Berliner zu locken, indem er ihnen in Aussicht stellte, im Falle einer Bedrohung dort wichtige Papiere sowie Kostbarkeiten aller Art, etwa Tafelsilber, Ge-

Gebaut im 16. Jahrhundert und danach erweitert, war die Spandauer Zitadelle Waffenarsenal, Gefängnis und Schatzhaus. Das mächtige Gemäuer ist eine der am besten erhaltenen Anlagen dieser Art in der Region. Links ist der zinnenbekrönte Juliusturm zu erkennen.

schmeide, Bargeld und alles, „das inen lieb wer", zu deponieren. Die Berliner gingen nach zähen Verhandlungen und heftigen Tumulten zwar auf den Vorschlag ein, verstanden es aber, die vom Landesherren verlangte Summe von 100 000 Gulden für den Spandauer Festungsbau auf 60 000 Gulden herunterzuhandeln. Das war ein beachtlicher Betrag, aber immerhin weniger, als andere Städte beisteuern mussten.

Die Spandauer sabotierten die Schanzarbeiten wo sie nur konnten, etwa indem sie weniger als die verlangten Tagelöhner entsandten, oder es kamen nur Lahme und Kranke, mit denen die Festungs-architekten nichts anfangen konnten. Dessen ungeachtet entstand, von Wasser umspült, in Spandau eine prächtige Festungsanlage, deren gezackte Umrisse noch heute besonders gut aus der Luft zu erkennen sind. Der 1578 zum „obersten Artlärey, Zeugk- und bawmeister" (Artillerie-, Zeug- und Baumeister) ernannte Ita-liener Rochus zu Lynar war ursprünglich in Frankreich tätig und baute dort die Festung Metz. Nachdem er 1560 zum reformierten Glauben übergetreten war, gab es Auseinandersetzungen mit der katholischen Obrigkeit, und so trat Lynar erst in die Dienste des sächsischen Kurfürsten, an dessen Festung in Dresden er baute, um sich dann vom brandenburgischen Kurfürsten anwerben zu lassen. Mit einem Jahresgehalt von tausend Gulden, das war dreimal so viel wie ein Wittenberger Universitätsprofessor bekam, wurde

Lynar geradezu fürstlich entlohnt. Hinzu kamen Naturalien wie Lebensmittel und Pferdefutter, Bier, Wein, Kleiderstoffe, Bausteine und Feuerholz. Der Festungsbaumeister errichtete sich in Spandau einen – leider nicht mehr erhaltenen – Palazzo und stiftete der örtlichen Nikolaikirche einen Altar, der ihn und seine Familie in reicher Ritterrüstung kniend darstellt. Bestattet ist Rochus zu Lynar in der Familiengruft.

Nach dem Deutsch-Französischen Krieg von 1870/71 wurde im Juliusturm auf dem Gelände der Spandauer Zitadelle der aus Kontributionsgold bestehende deutsche Reichskriegsschatz im Wert von 120 Millionen Goldmark eingelagert. Ein Gesetz von 1871 legte fest, dass das Deutsche Reich eine Goldreserve von 40 Millionen Talern beziehungsweise 120 Millionen Mark anlegt. Der Text lässt sich nicht näher über die Bestimmung des Reichskriegsschatzes aus, sondern sagt lediglich, dass dieser „zu Ausgaben nur für Zwecke der Mobilmachung" angelegt wird. Aus der Vergangenheit wusste man, dass die Mobilisierung und Ausrüstung von Truppen im Vorfeld eines Krieges wegen der Bewilligung der Kriegskredite durch das Parlament mit Schwierigkeiten verbunden sein kann, und dem wollte man durch Anlage eines Sonderfonds ein für alle Mal begegnen. In jener Zeit standen sich Frankreich und Deutschland ungeachtet des Frankfurter Friedens von 1871 feindlich

Hinter einer schweren Stahltür wurde in der Kaiserzeit der legendäre Reichskriegsschatz aufbewahrt. Der Juliusturm steht heute Besuchern offen, von seiner Spitze hat man einen wunderbaren Rundblick über Spandau und Umgebung.

gegenüber, und beide Staaten rüsteten nicht nur auf, sondern bauten auch neue Festungen. Das heute in Rudimenten erhaltene Fort Hahneberg unweit von Spandau war eine solche für einen neuen Krieg mit dem „Erbfeind" Frankreich eingerichtete und für den Schutz der Reichshauptstadt Berlin bestimmte Anlage.

Die für den Reichskriegsschatz verwendeten Münzen zu 20 und zu zehn Mark bestanden aus französischem Gold und waren 1873 in einem großen Kraftakt in der Berliner Münze mit dem Kopf Kaiser Wilhelms I. geprägt worden. Das Geld wurde in 1200 Kisten mit je 100 000 Mark verpackt und im Juliusturm verwahrt. Gelegentlich spekulierte die damalige Presse über Sinn und Zweck des Reichskriegsschatzes und monierte, dass das Gold eigentlich totes Kapital ist, welches keine Zinsen bringt. „Gold, in welcher Form und welchen Verhältnissen es immer erscheinen mag, behält seinen Werth, aber gleichwohl schrumpft der Schatz ein, wie Alles, was man abseits trägt im Strom des Lebens", heißt es in einem Zeitungsbeitrag aus dem Jahr 1880, der in der Ausstellung neben dem Juliusturm gezeigt wird. Ein einfaches Rechenexempel lehre, dass diese 120 Millionen seither bereits 30 Millionen Zinserträge gebracht hätten. „Ach wir Armen! Was hätte sich mit dreißig Millionen Alles schaffen lassen". Der Beitrag endet mit Blick auf Reichskanzler Otto von Bismarck und den preußischen Generalfeldmarschall und Chef des Generalstabs Helmuth von Moltke mit folgenden Worten: „So lange die Culturvölker die stehenden Heere fort und fort wachsen lassen, so lange in Ost und West die Kriegsfurie lauert, mögen Bismarck und Moltke Recht behalten mit dem Ausspruche: In Bereitschaft sein, ist Alles".

Im Jahr 1913, kurz vor dem Ersten Weltkrieg, wurde die Reichsreserve auf 240 Millionen Goldmark verdoppelt. Nach dem Ende des Ersten Weltkriegs und der Abdankung von Kaiser Wilhelm II. und der anderen deutschen Bundesfürsten im Jahr 1918 musste die neue Regierung den Reichskriegsschatz im Rahmen des Versailler Friedensvertrags an Frankreich abliefern. Nicht einmal zehn Jahre hatte die schwere Tresortür ihre Aufgabe erfüllt, ein Millionenvermögen vor fremdem Zugriff zu schützen.

Wie man auf einem kleinen Messingschild am Eingang zum Juliusturm lesen kann, wurde die Tresortür im Jahr 1910 eingebaut. Sie wiegt 3000 Kilogramm und ist das älteste Portal dieser Art im Berliner Raum. 1987, als man in beiden Teilen Berlins die

750-Jahrfeier der Stadt beging, wurde die Tür restauriert und wieder funktionstüchtig gemacht. Wer sie passiert, gelangt in das Innere des Juliusturms und kann dort über 145 Treppenstufen auf die Aussichtsplattform steigen und einen wunderbaren Rundblick auf Spandau und seine Zitadelle genießen. In einer Ausstellung neben dem Juliusturm wird die Geschichte der berühmten Renaissancefestung am Rande von Berlin, aber auch die weiterer Festungen in der Mark Brandenburg erzählt. Dazu sind in den Vitrinen Bilder, Dokumente, Waffen und Uniformen ausgelegt. Dass hohe Nazifunktionäre und Kriegsverbrecher wie Rudolf Heß und Albert Speer nach dem Nürnberger Prozess 1946 in die Spandauer Zitadelle eingewiesen wurden, ist ein zählebiges Märchen. Tatsächlich saßen sie in einer zum Kriegsverbrechergefängnis umfunktionierten Kaserne etwas weiter entfernt. Das Gebäude wurde nach dem Selbstmord von Heß im Jahre 1987 abgerissen, um Neonazis keinen Wallfahrtsort zu bieten.

ZOOLOGISCHER GARTEN ENTSTAND IN SCHÖNEBERG

Die Berliner, ihre Tiere und ihr Zoologischer Garten, das ist eine lange und enge Freundschaft. Angefangen hatte es im 18. Jahrhundert mit Menagerien, die von Residenz zu Residenz zogen und dem staunenden Publikum exotische Vierbeiner wie Giraffen, Elefanten, Affen, Löwen, Nashörner sowie allerlei seltenes Federvieh vorführten. Kein Wunder, dass sich die preußische Haupt- und Residenzstadt im 19. Jahrhundert einen eigenen Zoologischen Garten zulegte und ihn auf das Prächtigste ausstattete.

Vorläufer des von dem berühmten Gartenkünstler Peter Joseph Lenné gestalteten Zoologischen Gartens war eine von Friedrich Wilhelm III. auf der Pfaueninsel angelegte Menagerie, in der Hirsche und Büffel, aber auch allerlei exotische Tiere lebten, die der Monarch als Staatsgeschenke bekommen oder bei Wandermenagerien und Tierhändlern gekauft hatte. Der preußische König betrachtete das Tiergehege nicht als Privatzoo, sondern gab dreimal in der Woche dem interessierten Publikum Gelegenheit, noch nie gesehene Vier- und Zweibeiner zu betrachten. Die Berliner und ihre Gäste sollen in Scharen zur Pfaueninsel nahe Potsdam gepilgert sein, um diese unbekannte Tierwelt zu bestaunen.

Die meisten Bauten des Zoologischen Gartens wurden im Zweiten Weltkrieg zerstört. Die farbige Postkarte aus der Zeit um 1900 zeigt die Nachbildung eines altägyptischen Tempels.

Irgendwann bot die Menagerie auf der Pfaueninsel nicht mehr genügend Platz, und so war der Bau eines auch wissenschaftlichen Ansprüchen genügenden Zoologischen Gartens nötig. Nach einer Konzeption des schon auf der Pfaueninsel tätigen Zoologen Martin Hinrich Lichtenstein und auf Empfehlung des Weltreisenden und königlichen Kammerherrn Alexander von Humboldt angelegt, wurde er 1844 in Charlottenburg, damals noch am Rande Berlins gelegen, von König Friedrich Wilhelm IV. eröffnet.

Recht mühsam war es anfangs, Berlins neueste Attraktion zu erreichen, denn Droschken konnten sich nur Begüterte leisten, während alle anderen per pedes unterwegs waren, vorbei an Gastwirtschaften, in denen auch Milch ausgeschenkt wurde, weshalb man den sandigen Weg Milchstraße nannte. Die Mühe lohnte sich aber, und so gehörte der Besuch des Zoologischen Gartens schon bald zu einem „Muss" eines jeden Berlin-Besuchers, dies wohl auch deshalb, weil Tierkarawanen für Kinder im Angebot waren und sonntags ermäßigter Eintritt zu zahlen war. Auf dem Gelände des Zoologischen Gartens – nicht weit vom gleichnamigen S-Bahnhof entfernt – veranstalteten Militärkapellen Konzerte, und es wurden in edlem Ambiente auch Pressebälle gegeben, ja es kam hier sogar in der Kaiserzeit zu einem Treffen befreundeter Monarchen, das in einem Beistandspakt mündete. Wer mochte, konnte in den Restaurants beim Geschrei und Gebrüll der Tiere stimmungsvoll speisen.

In einem der Häuser, dem riesigen Kaisersaal, sollen bis zu 10 000 Personen zu Theateraufführungen und Konzerten Platz gefunden haben. 1943 allerdings gingen die in indischem, ägyptischem und anderen Baustilen errichteten Tierhäuser im Bombenhagel unter und wurden, bis auf das in „siamesischen" Formen erbaute Antilopenhaus, nicht wieder aufgebaut. Obwohl nur 91 Tiere den Krieg überlebten und 1945 kaum jemand auf eine Wiedergeburt zu hoffen wagte, gehören heute der zielstrebig ausgebaute und in seinen Tierbeständen erweiterte Zoologische Garten und sein Aquarium zu den weltweit bedeutendsten Einrichtungen dieser Art.

Da nach 1945 in der Viersektorenstadt Berlin vieles doppelt vorhanden war – Universitäten, Kliniken, Museen, Bibliotheken, Theater, Opernhäuser und ähnliche Einrichtungen –, gab es auch ein Ostberliner Pendant für den Zoologischen Garten – den von vielen Berlinern mit großen und kleinen Spenden, aber auch im Rahmen des Nationalen Aufbauwerks in unzähligen Arbeitseinsätzen erbauten Tierpark im ehemaligen Schlosspark Friedrichsfelde. Unter der Direktion von Heinrich Dathe entstand auf einer Fläche von 160 Hektar einer der schönsten und größten Landschaftstiergärten in Europa, der jährlich von Millionen Menschen besucht wird.

Erwähnt sei, dass nach den Befreiungskriegen von 1813 bis 1815 der sächsische König Friedrich August I. im Schloss Friedrichsfelde interniert war. Der Verbündete des französischen Kaisers Napoleon I. verlor durch Festlegungen des Wiener Kongresses große Teile seines Landes an Preußen. Dessen König ließ sich zu einem kurzen Treffen mit dem Gefangenen herab, am liebsten hätte er ganz Sachsen vereinnahmt, doch

Der Zoologische Garten ging aus einer Menagerie hervor, die die Hohenzollern auf der Pfaueninsel unterhielten. Hinter dem Elefantentor beginn eine faszinierende Reise durch die vielfältige Welt der Tiere.

Das Schloss Friedrichsfelde wurde nach dem Zweiten Weltkrieg vor dem Abriss gerettet und wurde vor einigen Jahren von Dach bis Keller saniert

daran hatten die anderen Siegermächte im Krieg gegen Frankreich kein Interesse. Die dem Land der Hohenzollern gegen ihren Willen zugeschlagenen Sachsen betrachteten sich als „Beutepreußen" und mussten sich dem strengen Regime beugen, das ihnen Friedrich Wilhelm III. auferlegte. Im Zusammenhang mit dem Bau des Tierparks Friedrichsfelde wurde das schon zur Ruine verkommene Schloss saniert und restauriert. Jahrelang diente es als Dependance des Märkischen Museums. Nach dem Auszug des Stadtmuseums nutzt

Der Berliner Bär im Tierpark Friedrichsfelde ist vom vielen Berühren ganz blankgescheuert. Angeblich soll der Brauch Glück bringen.

der Tierpark das Schloss als Archiv und für seine Verwaltung. Weiterhin finden hier Ausstellungen und Konzerte statt.

ZWANGSUMTAUSCH UND PASSIERSCHEINABKOMMEN

Vielen West- und Ostdeutschen ist es in lebhafter Erinnerung, welche Mühen es kostete und welche Opfer erbracht werden mussten, um die Mauer und die innerdeutsche Grenze passieren zu können. Ein Meilenstein auf diesem Weg war das Passierscheinabkommen, das am 17. Dezember 1963 zwischen dem Westberliner Senat und der DDR-Regierung abgeschlossen wurde.

Knapp zwei Jahre nach dem Bau der Mauer konnten Westberliner über die Weihnachtsfeiertage 1963 ihre Verwandten im Ostteil der Stadt besuchen. Davon machten mehr als 700 000 Menschen Gebrauch. Insgesamt handelten Vertreter beider Seiten „ungeachtet der unterschiedlichen politischen und rechtlichen Standpunkte" zwischen 1963 und 1966 vier Passierscheinabkommen aus. Für die Bundesregierung, den Westberliner Senat und die Westalliierten war jedesmal wichtig zu betonen, dass „der Rechtsstatus von Berlin durch diese Vereinbarung nicht geändert wird".

Die Anträge auf Passierscheine wurden von Mitarbeitern der DDR-Post bearbeitet, die zwar staatliche Bedienstete waren, jedoch keine Hoheitsrechte wie Polizisten oder Zöllner besaßen. Die Bundesrepublik betrachtete die Vereinbarungen als verwaltungstechnische Vorgänge und sah in ihnen keine Anerkennung der DDR. Demgegenüber versuchte die DDR, sie als völkerrechtliche Verträge aufzuwerten.

Der auf westliche Devisen angewiesene Arbeiter-und-Bauern-Staat führte am 1. Dezember 1964 eine Regelung ein, nach der westliche Besucher bei der Einreise einen bestimmten Betrag in DDR-Mark umtauschen mussten. Dieser sogenannte Zwangsumtausch betrug anfangs fünf DM und für Westberliner drei DM pro Tag und steigerte sich bis zum Ende der DDR auf 25 DM pro Tag, die in 25 DDR-Mark umgewechselt werden mussten. Das nach Rentnern und Kindern unter 16 Jahren gestaffelte „Eintrittsgeld in den Osten" reichte aus, um dort ordentlich zu essen, zum Friseur zu gehen oder Bücher zu kaufen. Erst Ende 1989 wurde der Zwangsumtausch abgeschafft.

*An der Bernauer Straße wird dokumentiert, was Mauer und Stachel-
draht für die Berliner und die Deutschen bedeuteten und wie sie
versuchten, mit dem Mauerbau von 1961 fertig zu werden. Die
Gedenkstätte erhielt 2010 ein neues Ausstellungshaus und wird in
den kommenden Jahren weiter ausgebaut.*

Am 17. Dezember 1971 wurde das „Abkommen zwischen der Regierung der Bundesrepublik Deutschland und der Regierung der
Deutschen Demokratischen Republik über den Transitverkehr von
zivilen Personen und Gütern zwischen der Bundesrepublik
Deutschland und Berlin (West)" unterzeichnet. Am 3. Juni 1971
in Kraft gesetzt, bewirkte dieses sogenannte Transitabkommen eine
deutliche Verbesserung der Beziehungen zwischen beiden
deutschen Staaten und erleichterte die Fahrten zwischen Westberlin und dem Bundesgebiet. Das Abkommen regelte den
Straßen-, Schiff- und Bahnverkehr, betraf aber nicht den Flug-
verkehr zwischen Berlin und dem Bundesgebiet. Vereinbart wurde,
dass die Visa direkt an den Grenzkontrollstellen beziehungsweise
in den Interzonenzügen erteilt werden und eine Kontrolle der Ge-
päckstücke unterbleibt. Künftig sollten die für die Benutzung der
Transitwege anfallenden Kosten nicht mehr von den Reisenden

bezahlt, sondern von der Bundesregierung übernommen werden. Da die DDR befürchtete, dass die Transitstrecken für Fluchtversuche oder unerlaubte Kontakte zwischen Westdeutschen und Ostdeutschen genutzt werden könnten, wurden auf östlicher Seite umfangreiche Sicherheitsmaßnahmen ergriffen. Verboten war, dass Transitreisende während ihrer Fahrt „Materialien", z. B. Druckschriften aller Art, verbreiten und Fremde mitnehmen. Nicht erlaubt war, die vorgesehenen Transitwege zu verlassen, von besonderen Umständen wie Unfall oder Krankheit abgesehen oder wenn es dazu eine besondere Genehmigung der DDR-Behörden gab. Im Falle eines „hinreichenden Verdachts" sah das Abkommen die Durchsuchung von Reisenden sowie der von ihnen benutzten Transportmittel und ihres Gepäcks, aber auch die Zurückweisung von Reisenden vor. Dieser allgemein formulierte und in seiner Auslegung dehnbare Paragraph wurde sehr zum Ärger der Reisenden von den DDR-Grenzern ausgiebig und willkürlich angewandt.

Beim Passieren der deutsch-deutschen Grenze musste man provozierende Antworten auf dumme Fragen der Grenzer vermeiden. Wenn sie etwa wissen wollten, ob man Waffen oder Sprengstoff bei sich hat, und man antwortete dann: „Nein, brauchen Sie welche?", konnte das zu unangenehmen Durchsuchungen und langem Zeitverzug bei der Weiterreise führen. Zahlreiche DDR-Bewohner versuchten, über die Transitstrecken in den Westen zu fliehen. Doch das gelang nur in wenigen Fällen. Ihr Schicksal wird im Haus am Checkpoint Charly in Berlin, in der Erinnerungsstätte an der Bernauer Straße und an anderen Orten in und außerhalb Berlins dokumentiert.

LITERATUR

750 Jahre Berlin. Stadt der Gegenwart, Lese- und Programmbuch zum Stadtjubiläum. Hrsg. von Ulrich Eckhardt, Frankfurt am Main/Berlin 1986

Albrecht, Gustav: Die Denkmäler in der Siegesallee, 2 Hefte, Berlin 1898, 1900

Alings, Reinhard: Die Berliner Siegessäule. Hrsg. vom Bezirksamt Tiergarten, Berlin 1997

Arnold, Dietmar/Arnold, Ingmar: Schlossfreiheit. Vor den Toren des Stadtschlosses, Berlin 1998

Auftrag Luftbrücke. Der Himmel über Berlin 1948-1949. Hrsg. vom Deutschen Technikmuseum Berlin, Berlin 1998

Badstübner, Ernst/Badstübner-Gröger, Sibylle: Kirchen in Berlin. Von St. Nikolai bis zum Gemeindezentrum „Am Fennpfuhl", Berlin 1987

Bartels, Georg: Das Berlin der Jahrhundertwende. Photographien aus den Jahren 1886 bis 1907. Ausgewählt und zusammengestellt von Hela Zettler und Jost Hansen. Edition Märkisches Museum, Berlin 1990

Berlin bleibt doch Berlin. Beiträge zur 750-Jahr-Feier 1987 von der Berliner Morgenpost, Berlin 1987

Berlin, Hauptstadt der DDR. Bauten unter Denkmalschutz, Berlin 1982

Berlin. Ein Reisehandbuch. Hrsg. von Michael Bienert, Hamburg 2008

Berliner Denkmäler im Volkswitz, Berlin 1933

Berlin-Mitte um die Jahrhundertwende. 103 Fotos aus dem Bildarchiv der Berliner Verkehrsgesellschaft (BVG). Hrsg. von Jürgen Grothe, Berlin 1991

Berlin-Mitte. Das Lexikon. Hrsg. von Hans-Jürgen Mende und Kurt Wernicke, Berlin 2001

Bloch, Peter/Waldemar Grzimek: Das klassische Berlin. Die Berliner Bildhauerschule im neunzehnten Jahrhundert, Frankfurt/Main, Berlin, Wien 1978

Caspar, Helmut: Marmor, Stein und Bronze. Berliner Denkmalgeschichten, Berlin 2003; ders.: Fürsten, Helden, große Geister. Denkmalgeschichten aus der Mark Brandenburg, Berlin 2004; ders.: Die Beine der Hohenzollern. Was Primaner des Joachimsthalschen Gymnasiums über die Siegesallee schrieben und was Wilhelm II. von den Aufsätzen hielt, Berlin 2007; derselbe: Vom Taler zum Euro. Die Berliner, ihr Geld und ihre Münze, Berlin 2006; 200 Berliner Köpfe. Denkmäler von Friedrich dem Großen bis Heinz Rühmann, Petersberg 2008; derselbe: Erinnerungsorte in Berlin. Führer zu Schauplätzen deutscher Geschichte, Petersberg 2008; derselbe: DDR-Lexikon. Von Trabi, Broiler, Stasi und Republikflucht, Petersberg 2009; derselbe: Brandenburger Köpfe. Denkmäler und Erinnerungsorte zwischen Elbe und Oder, Petersberg 2009; derselbe: Führer durch das historische Berlin – Zwischen Alexanderplatz und Siegessäule, Petersberg 2011; derselbe: Wie Namen zu Begriffen wurden – Eulen nach Athen tragen, Petersberg 2011

Cullen, Michael S., Der Reichstag. Parlament, Denkmal, Symbol, Berlin 1995

Cullen, Michael S./Kieling/Uwe: Das Brandenburger Tor. Ein deutsches Symbol, Berlin 1999

Cyran, Eberhard: Das Schloß an der Spree. Die Geschichte eines Bauwerks und einer Dynastie, Berlin 1995

Das Berliner Schloss. Eine Fotodokumentation der verlorenen Stadtmitte, Hrsg. von Hela Zettler und Horst Mauter, Berlin 1991

Das Berliner Zeughaus. Vom Waffenarsenal zum Deutschen Historischen Museum. Hrsg. von Ulrike Kretzschmar, München/Berlin/London/New York 2006

Das Brandenburger Tor. Weg in die Geschichte, Tor in die Zukunft, hrsg. von der Deutschen Stiftung Denkmalschutz, Berlin 2003

Das Haus am Werderschen Markt. Von der Reichsbank zum Auswärtigen Amt. Hrsg. von Hans Winderotter, Berlin 2000

Das Reiterdenkmal Friedrichs des Großen, hrsg. von Wieland Giebel, Berlin 2007

Dehio, Georg: Handbuch der deutschen Kunstdenkmäler Berlin, Berlin 2006

Demps, Laurenz/Materna, Ingo/Müller-Mertens, Eckhard: Geschichte Berlins von den Anfängen bis 1945, Berlin 1987

Der Berliner Dom. Geschichte und Gegenwart der Oberpfarr- und Domkirche zu Berlin, Berlin 2001

Der Berliner Tiergarten. Vergangenheit und Zukunft. Beiträge zur Denkmalpflege in Berlin Heft 19, Berlin 1996

Die Franzosen in Berlin 1806–1808. Hrsg. von Wieland Giebel, Berlin 2006

Ein Denkmal für den König. Das Reiterstandbild für Friedrich II. Unter den Linden in Berlin, hrsg. vom Landesdenkmalamt Berlin, Berlin 2001

Endlich, Stefanie/Wurlitzer, Bernd: Skulpturen und Denkmäler in Berlin, Berlin 1990 Endlich, Stefanie: Wege zur Erinnerung. Gedenkstätten und -orte für die Opfer des Nationalsozialismus in Berlin und Brandenburg. Hrsg. von der Landeszentrale für politische Bildungsarbeit, Berlin 2006

Ethos und Pathos. Die Berliner Bildhauerschule 1786-1914. Ausstellungskatalog und Studienband. Hrsg. Staatliche Museen Preußischer Kulturbesitz 1990

Falanga, Gianluca: Die Humboldt-Universität, Berlin 2005

Fischer, Wolfgang/von der Schulenburg, Fritz: Die Mauer. Monument des Jahrhunderts, Berlin 1990

Flemming, Thomas/Koch, Hagen: Die Berliner Mauer. Grenze durch eine Stadt, Berlin 1999

Flocken, Jan von: Die Siegesallee, Berlin 2000

Führ, Wieland: Berliner Mauer und innerdeutsche Grenze, Petersberg 2008

Gandert, Klaus-Dietrich: Vom Prinzenpalais zur Humboldt-Universität. Die historische Entwicklung des Universitätsgebäudes in Berlin mit seinen Gartenanlagen und Denkmälern, Berlin 1985

Gartendenkmale in Berlin – Friedhöfe. Hrsg. von Jörg Haspel und Klaus von Krosigk. Beiträge zur Berliner Denkmalpflege Bd. 27, Petersberg 2008

Geschichte Berlins. Hrsg. von Wolfgang Ribbe, Berlin 1987

Gloger, Bruno: Friedrich Wilhelm, Kurfürst von Brandenburg, Berlin 1985

Görtemaker, Manfred/Bienert, Michael/Leps, Marko: Orte der Demokratie. Ein historisch-politischer Wegweiser durch Berlin, Berlin 2005

Hoppe, Ralph: Quer durch Mitte. Das Klosterviertel, Berlin 1997

Hübner, Holger: Das Gedächtnis der Stadt. Gedenktafeln in Berlin, Berlin 1997; ders: Einstmals angebrachte und dann verschollene Gedenktafeln. In: Deutsches Technik Museum Info H. 2/2001, S. 16 ff.

Hübner, Volker/Oehmig, Christian: Spandauer Vorstadt in Berlin-Mitte. Ein Kunst- und Denkmalführer, Beiträge zur Denkmalpflege, Sonderband, Petersberg 2002

Ingwersen, Erhard: Standbilder in Berlin, Berlin 1967

Jaeckel, Gerhard: Die Charité. Die Geschichte eines Weltzentrums der Medizin von 1710 bis zur Gegenwart, Berlin 1999

Johann Gottfried Schadow und die Kunst seiner Zeit. Hrsg. Bernhard Maaz, Köln 1994

Karl-Marx-Allee in Berlin. Die Wandlungen der sozialistischen Prachtstraße zur Hauptstraße des Berliner Ostens. Hrsg. von Helmut Engel und Wolfgang Ribbe, Berlin 1996

Kellerhoff, Sven Felix: Der Reichstagsbrand. Die Karriere eines Kriminalfalls. Mit einem Vorwort von Hans Mommsen, Berlin 2007; derselbe: Mythos Führerbunker. Hitlers letzte Unterschrift, Berlin 2006; derselbe: „Kristallnacht". Das Novemberpogrom 1938 und die Verfolgung der Berliner Juden 1924 bis 1945, Berlin 2008; derselbe: Geschichte in Geschichten. Niemand hat die Absicht... Neue Streifzüge durch Berlin, Berlin 2008

Klausmeier, Axel/Schmidt, Leo: Mauerreste – Mauerspuren, Berlin und Bonn 2004

Klingenberg, Karl-Heinz: Berliner Dom. Bauten, Ideen und Projekte vom 15. Jahrhundert bis zur Gegenwart, Berlin 1987

Kloosterhuis, Elisabeth M.: Soldatenkönigs Tafelfreuden. Die Tafelkultur am Hofe Friedrich Wilhelms I., Berlin 2009

Kloosterhuis, Jürgen: Legendäre „Lange Kerls". Quellen zur Regimentskultur der Königsgrenadiere Friedrich Wilhelms I., 1713-1740, Berlin 2003

Koplek, Maik: Berlin 1933-1945. Stadtführer zu den Spuren der Vergangenheit, Berlin 2004

Krenzlin, Ulrike: Johann Gottfried Schadow. Ein Künstlerleben in Berlin, Berlin 1990

Kunst in Preußen. Hans-Joachim Giersberg zum 65. Geburtstag. Hrsg. von der Stiftung Preußische Schlösser und Gärten Berlin-Brandenburg, Berlin 2003

Laverrenz, Victor: Die Denkmäler Berlins und der Volkswitz, Berlin o. J. (4. Auflage)

Lehnert, Uta: Der Kaiser und die Siegesallee – Réclame Royale, Berlin 1998

Lexikon Berliner Straßennamen. Hrsg. von Sylvia Lais und Hans-Jürgen Mende, Berlin 2003

Lindenberg, Paul: Berlin in Wort und Bild, Berlin 1895 (Reprint Leipzig 1985)

Löschburg, Winfried: Im Gasthof „Zu den drei Linden". Geschichten rund um die Berliner Nikolaikirche, Berlin 1986; derselbe: Spreegöttin mit Berliner Bär. Historische Miniaturen, Berlin 1987; derselbe: Als das Lustschiff endlich am Schiffbauerdamm eintraf und andere Begebenheiten aus acht Jahrhunderten Berliner Geschichte, Berlin 1984

Maether, Bernd: Die Vernichtung des Berliner Stadtschlosses. Eine Dokumentation, Berlin 2000

Mittenzwei, Ingrid: Friedrich II. von Preußen. Eine Biographie, Berlin 1979

Mittenzwei, Ingrid/Herzfeld, Erika: Brandenburg-Preußen 1648-1789. Das Zeitalter des Absolutismus in Text und Bild, Berlin 1987

Müller-Bohn, Hermann: Die Denkmäler Berlins in Wort und Bild nebst Gedenktafeln und Wohnstätten berühmter Männer. Ein kunstgeschichtlicher Führer, Berlin o. J. (1905)

Nungesser, Michael: Das Denkmal auf dem Kreuzberg von Karl Friedrich Schinkel, Berlin 1987

Opprower, Rolf/Cürlis, Peter: Im Spitznamen des Volkes. Berliner Bauten mit Spreewasser getauft, Berlin 1978

Orte des Erinnerns. Gedenkzeichen, Gedenkstätten und Museen zur Diktatur in SBZ und DDR. Hrsg. von Annette Kaminsky, Leipzig 2004

Panorama der Straße unter den Linden. Hrsg. und kommentiert von Winfried Löschburg, München und Berlin 1997

Pomplun, Kurt: Berliner Häuser. Geschichte und Geschichten, Berlin 1971

Preußen. Chronik eines deutschen Staates. Hrsg. von Wolfgang Ribbe und Hansjürgen Rosenbauer, Berlin 2000

Reichardt, Hans-J./Schäche, Wolfgang: Von Berlin nach Germania. Über die Zerstörung der Reichshauptstadt durch Albert Speers Neugestaltungspläne, Berlin 1990

Schmitz, Brigitte: Christian Daniel Rauch. Das Denkmal für Friedrich II., Berlin 1981

Schwenk, Herbert: Berliner Stadtentwicklung von A bis Z. Kleines Handbuch zum Werden und Wachsen der deutschen Hauptstadt, Berlin 1998; derselbe: Lexikon der Berliner Stadtentwicklung. Hrsg. von Hans-Jürgen Mende und Kurt Wernicke, Berlin 2005

Seyer, Heinz: Berlin im Mittelalter. Die Entstehung der mittelalterlichen Stadt, Berlin 1987

Stadtbilder. Berlin in der Malerei vom 17. Jahrhundert bis zur Gegenwart. Hrsg. vom Berlin Museum 1987 (Ausstellungskatalog)

Stamm-Kuhlmann, Thomas: Die Hohenzollern, Berlin 1995; derselbe: König in Preußens großer Zeit. Friedrich Wilhelm III. der Melancholiker auf dem Thron, Berlin 1992

Stronk, Detlef: Berlin in den achtziger Jahren. Im Brennpunkt der deutsch-deutschen Geschichte, Berlin 2009

Tobias, Fritz: Der Reichstagsbrand. Legende und Wirklichkeit, Rastatt 1962

Topographie des Terrors. Gestapo, SS und Reichssicherheitshauptamt auf dem „Prinz-Albrecht-Gelände". Eine Dokumentation. Hrsg. von Reinhard Rürup, Berlin 1989

Vom Brandenburger Tor bis zum Alexanderplatz. Berlins Mitte in Handzeichnungen des 19. Jahrhunderts. Hrsg. vom Stadtmuseum Berlin 1995 (Ausstellungskatalog)

Von Erich Lampenladen zur Asbestruine. Alles über den Palast der Republik. Hrsg. von Kirsten Heidler in Zusammenarbeit mit Ingetraud Skirecki, Berlin 1999

Wagner, Volker: Regierungsbauten in Berlin. Geschichte – Politik – Architektur, Berlin 2001

Wimmer, Clemens Alexander: Parks und Gärten in Berlin und Potsdam, Berlin 1992

Zedlitz, Leopold von: Neuestes Conversations-Handbuch für Berlin und Potsdam, Berlin 1834 (Reprint Leipzig 1981)